U0068413

成語的語法、修辭及角色扮演

陳湘屏 著

前言

　　成語是漢語特有的詞彙寶藏，精簡的格式與洗鍊的文字，保存了中華文化的精髓。現今國語文教育體制中，即使文言文逐漸凋零，但成語仍在各個學習階段佔有一席之地，在教育現場是炙手可熱、歷久不衰的題材。本研究先行探討成語的相關研究，接著利用語法、修辭手法兩大面向，試著分析國小教材中成語其實際體現的不同現象，絕大多數以統計圖表加以呈現其多元面貌，並輔以文字說明圖表代表的意義，藉以歸納出成語在教材中的功能。

　　有關教材中的成語研究方面，經研究者參閱了眾多期刊、論文與書籍後發現，從語法角度來探討成語的研究數量最多，從修辭手法角度探討成語的研究次之，絕大部分的研究都未涉及到關於成語所扮演的角色概念，以致於這些研究多在成語本身的表面攀爬，而未能以更宏觀的角度，將含有成語的文本納入一併探討，甚為可惜。基於此，本研究嘗試在成語的研究上加入角色扮演這一新觀念，並藉由語法與修辭及數量兩種不同的角度作為探討研究的主題，針對這兩種不同觀點並輔以美學的概念，提出成語在課文文本中所扮演的角色，期許能呈現出教材中成語更完整的面貌。

　　本研究的成語本身的兩大面向分別為語法和修辭手法。因為這兩種面向涵蓋的範圍廣泛，所以本研究將其再作細項分別論述。語法部分強調成語的內部結構與外部功能；修辭手法以常見的修辭格搭配美學類型作為分析重點；以康軒版國語教材為例，藉由這兩大面向，融合語法、修辭及數量等特性來探討成語本身對文本的作用，冀能提出嶄新的成語論述。

　　最後，希望藉此完整的成語剖析，帶給教學者不同於以往對於成語的認知，進而對成語教學有更深層的體會，更獨到的見解。最終研究者希冀，此論述可以影響教材的編輯更為重視成語這份寶藏，藉由教育的途徑，讓這份語言的智慧結晶不朽的傳承下去。

目　次

表目次

圖目次

第一章　緒論

第一節　研究動機與研究目的

一、研究動機

　　詞彙是詞語的總和，是構詞造句的材料，也是語言與社會及文化整體關係的綜合體。它負載著使用這種語言的民族文化傳統，社會風土人情，乃至人們的心理特徵和思維習慣。尤其對於沒有詞形變化主要靠詞與詞的意義組合來傳遞訊息、表情達意的漢語來說，詞彙的地位更是顯得格外重要。認知心理學派（Cognitive Psychology）的代表人物 O.P.Ausbel 在歸納第一語言習得和第二語言學習的規律時，發現詞彙的掌握自始至終的存在於學習者的語言發展過程中，無疑是一切語言技能的基礎。（方麗娜，2003）因此詞彙教學在我們的語言教學中，一直扮演著重要的角色，學生是否可以正確的、熟練的掌握詞彙，將直接影響學生的聽、說、讀、寫等能力。

　　成語在千百年的流傳和使用下，成為了漢語中穩定的詞彙。也就是經歷了歷史的沙汰之後保存下來的詞彙珍品。（周荐，2004：310）不管時代如何移轉，它都有著雋永、活潑的生命力，因為成語不僅有精采的典故且寓有深意，更蘊含了豐富的語法知識。即使在科技昌明的今日，成語仍是生活常用的語彙。（吳敏而，1997）倘若我們能靈活運用，相信表情達意和經驗交流都能更貼切的傳遞

意思。著名詩人也是搶救國文聯盟發起人的余光中認為成語是「白話文的潤滑劑」，就像「隨身攜帶現鈔」，意思就是「日常生活不用成語，可能說不了像樣的話」（聯合新聞網，2007），因此成語的語言價值可見一斑。

成語是臺灣學生接觸機會十分頻繁的語料之一，在 2007 學年度的第一次國中基本能力測驗中，國文試題不僅有一半都用到文言文，且三分之一與成語有關，更有五題是直接考成語。（聯合新聞網，2007）如其中一個題目是這樣的：

> 王伯伯當選本屆好人好事代表，大家一致認為他當之無愧，因為他常積極地為鄰里排難解紛。下列詞語，何者最足以說明他這樣的行為表現？
>
> （A）古道熱腸
> （B）鞠躬盡瘁
> （C）廉己奉公
> （D）悲天憫人

（國民中學學生基本學力測驗推動工作委員會，2007）

從這個題目可以清楚發現，成語的確是種精鍊的語言形式，倘若運用得當，不僅可以貼切的傳達情意，也能在文本中達到畫龍點睛的作用。

但觀看現今的社會，創意十足的冷笑話、火星文及千奇百怪的廣告，不停的刺激我們的視聽感官，在大眾因此被娛樂的同時，漢語成語也漸漸被肢解。從外表看來，冷笑話、火星文及千奇百怪的廣告中的成語，以實際的例子來說明會更清楚：網路上充斥著這種類似猜謎語的冷笑話，如：拿筷子吃飯——膾炙人口（筷至人口）；

羊停止了呼吸——揚眉吐氣（羊沒吐氣）；兩個男人坐在石頭上
——一石二鳥……等。雖然只是形式上被更動了一、兩個字，甚至
原封不動，但成語的原意卻很可能完全被扭曲了。

　　這種情況下，受害最深的應該就是我們的中小學生了，他們的
模仿力與記憶力都比成人來的優秀，正處於國民義務教育的階段，
在家庭、學校及社會這些大環境下學習文化、吸收知識。可惜的是，
他們辨別正誤的能力卻嫌不足，是否會因為接受過多外來的錯誤訊
息，模糊了對成語的認知，甚至對語言的運用產生負面影響。

　　但語言是我們最重要的交際工具，語法結構和基本詞彙決定著
語言的基本面貌，要掌握語言這個工具，學好語法的意義是不言而
喻的。（張登岐，2005：203）倘若我們要更進一步的調整語辭來作
更適切的傳情達意，那就不得不利用修辭這個手段了。

　　因此，教育在語文學習中扮演著很重要的角色，而且教材是教
育內容的主要來源，也是奠定知識、培養情意、演練技能的重要工
具，在學校教育中極為重要。高新建（1991）指出，百分之九十以
上的國小老師「極常按照課本進行教學」，顯然的教材在教學過程中
扮演了非常重要的角色，為目前國小學生學習國語文的重要途徑之
一，也是教學者將國語文知識傳授給學生的主要素材。（楊慧文，
1999）而〈臺北縣96（2007）年教材版本分析總說明〉一文中提出：

　　　教師對教材本身的專業判斷和詮釋，尤以教師對該學科主要
　　　核心概念的判斷和對教材的分析和整合，是最被關心的事。
　　　（臺北縣教育研究發展中心，2007：4）

　　說明教材研究的重要。畢竟教材編排的內容，將影響到學生的
學習與日後語言能力的發展，同時也影響到老師的教授課程。而教

材的內容要傳達什麼給老師與學生？以及學習的目標何在？這些
問題都與教材的編纂息息相關，也強化了教材研究的重要性。

由此可見，教材的編輯者及教學者，都應指導學生用心的學習
成語並正確的使用成語。如果可以藉著一套有系統的安排與練習，
必能提高學習效率，使學生能更輕易的掌握語言，對於一些語言學
習困難者，更是莫大的幫助。我認為，分析、探討教材編排的成語
是一件值得去做的事。

二、研究目的

基於上述的研究動機，我希望整理康軒版國語教材成語的出現
次數與在冊別中的分布情形，並透過平衡語料庫計算成語的出現筆
數，接著從語法、修辭的角度，來探究國語教材中的成語，進而討
論現行國語教材裡成語的角色扮演，最後提出建議供國小教材編輯
者、國小教師進行成語教學的參考。

第二節　研究問題與研究範圍

一、研究問題

本研究主要的目的是探討國語教材中成語的出現次數和分布
冊數、在平衡語料庫中出現的次數以及它們的語法結構和角色扮

演。根據我的經驗及發現，隨著時代的變遷，語用習慣也在改變的同時，教材裡選用的成語似乎始終如一。而成語在小學現場中雖然常被提及，但大多在強調運用方面，如造句練習等，無法引導學生更進一步了解成語的語言特色。因此，我想要藉由成語的出現與分布情形、語法結構及其角色扮演來檢視國語教材中成語的特色為何，並利用中央研究院的現代漢語平衡語料庫，來檢視教材所選編的成語是否能代表現今的語言。

二、研究範圍

挑選版本為市場佔有率較高的 2007 學年度康軒版國語教材，範圍則是一年級到六年級共計十二冊課本中的成語。

根據呂叔湘（1989）在《中國俗語大辭典》序中所說：「成語的主要特點是形式短小，並且最好是整齊，甚至可以說是四字格，尤其是二二相承的四字語為主。」周荐（2004：307）也提到：「今天為絕大多數人認可的成語有相當一部分就是四字格的。《中國成語大辭典》收條目總數為 17934 個，其中四字格的有 17140 個，約佔總數的 95.57%。」[1]因此本研究所收集的語料都為四字格的詞組，並查閱由朱祖延（1999）主編的《漢語成語辭海》，經該辭書收錄為成語者，才認定為本研究的研究語料。

《漢語成語辭海》共收錄成語兩萬五千條[2]，曾榮獲大陸第四屆國家辭書獎二等獎。本辭書的特點有三：（一）秉持「古今兼收、

---

[1] 這中間包含一些雙四字格的形式，如：道高一尺，魔高一丈。非四字格在辭典中有 794 個，僅約佔總數的 4.43%。

[2] 收錄的成語數遠超過於國內由陳鐵君（2004）主編的《遠流活用成語大辭

源流並重」的收詞原則，且基本是以嚴格意義所定義的成語；（二）
書證豐富，除正條有釋義外，副條釋義均可見於正條，且為避免文
字的堆砌，引用書證以時代性（涵蓋不同時代的書證）、典型性（沿
用其他辭典用過的典型書證）、新穎性（挖掘其他辭典所沒有用過
的書證）。（三）重視並反映成語的產生、形成和發展的演變。書中
以一般在早期文獻中約定俗成的成語作主條，凡成語的變體，均有
選擇的附在主條目之後（或稱副條），是極具參考價值的工具書。
因此，本研究採用這本辭典作為判定教材文中四字詞組是否為成語
的標準。

第三節　研究方法與研究步驟

一、研究方法

　　依據上述的研究動機與目的、研究問題，本研究適用的研究方
法，將因各章節所處理的問題性質不同而有所不同，茲整理並敘述
如下：

（一）現象主義方法

　　凡是顯現於意識中或為意識所及的對象都稱為現象主義方法。（周慶華，2004：95）如「文學現象，意指在寫作的現實環境中展現的觀念辯證與文學趨勢以及跟作品互相滲透的歷史語境或文化地形」（林燿德主編，1993：導論 30～31）所提及的現象。由以上兩位學者的說法可知，一個現象不僅含括本現象中所有的元素，如：人、事、物等，更包含了這些元素間錯綜的互動關係。這種方法和人的經驗息息相關，未能自覺的部分，雖未被提及，卻不代表不為現象的一部分。因此本研究中的文獻探討有關成語語法、成語修辭手法及成語的角色扮演等資料彙整上，基於個人可經驗得到的非常有限，只能針對我本身意識所及的對象進行分析、論述，將所得的結果當作一種策略運作。而有關成語在教材中所扮演的的角色，所涉及的語法、修辭、生字習得……等錯綜複雜的關係，也只限於顯現於自己意識中或意識所及的部分搭配進行闡釋。

（二）語言學方法

　　語言學方法，是探討語言現象的方法；而該語言現象可以總歸結為語法。語法包括了說話者對其語言所知的一切——語音系統，所謂音韻學（phonology）；意義系統，所謂語意學（semantics）；造詞規則，所謂構詞學（morphology）；以及造句規則，所謂句法學（syntax）；當然，也包括了字彙——字典或心理詞彙（lexicon）。（黃宣範譯，2007：21～22）簡單來說，一個語言的語法（grammar）

是由語音、語音類型、意義的基本單位（例如詞），以及結合以上單位而創造句子的規則所共同組成。（同上：16）

世界上所有的語言都存在著語法；而和印歐語言相比，漢語語法具有以下明顯的特點：

1. 缺乏嚴格意義的型態變化，如英語的 write、wrote、written、writing 是同一個詞的不同變形，漢語只需用「寫」表示。語序、虛詞為主要的語法手段。

2. 詞類具有多功能性，與句法成分之間不存在簡單的對應關係。如動詞既可充當謂語，又可充當主語和賓語，型態都不改變。

3. 詞、短語和句子的構造原則基本一致。漢語的詞、短語、句子都有主謂、述賓、聯合、偏正、補充等五種基本結構類型。

4. 有獨具特色的詞類和短語，句式多樣化。現代化漢語裡有十分豐富的量詞，有用以表達種種語氣差別的語氣詞，有主謂謂語句[3]這種印歐語所缺乏的特殊句式。（張登岐，2005：315）

這體現在成語裡的，正好可以透過語言學方法來分析它的結構類型特徵。

---

[3] 由主謂短語作為謂語的句子叫做主謂謂語句。如：花東縱谷一帶土地肥沃、山水秀麗。

（三）美學方法

　　美學方法，是評估語文現象或以語文形式存在的事物所具有的美感成分（價值）的方法。（周慶華，2004：132）所謂「美」，既有漂亮、令人滿意的意涵，也泛指美好的事物，就如任何人徜徉於大自然中，無不對眼前的秀麗景象，衷心發出美的讚嘆。而語文可以成就一個美的形式，這裡所謂的美，不僅是語文本身的形式，也可能是表露於形式中的某些風格或特殊技巧（表達方法）。（周慶華，2004：134）這樣說來，學生從教材的文本中所經驗到的，不再僅是了解教材本身在傳達哪些語法知識與修辭手法，且能從中經驗到一種有異於現實感受的喜愛。這種喜愛，我們可以稱它為美的經驗或美的感情或價值感情。（王夢鷗，1976：249～251）就拿三年級〈安平古堡參觀記〉這一課的一小段來說：

> 接近中午的時候，我們來到西北邊的公園，這裡有一座老城牆。聽說牆上的磚塊，是用紅糖、糯米和貝殼灰黏合起來的。我伸手摸一摸，量一量，又硬又厚，難怪它經過三百多年，仍然這麼堅固。（摘自康軒版第五冊國語，33）

　　學生從其中可以學到舊時城牆的製作材料有別於現代的鋼筋水泥，關於建築方面的知識；「又……又……」、「仍然」這兩個連接成分的用法，關於語法的知識；「摸一摸、量一量」屬於對偶句，關於修辭的知識等。除了這些知識，我們也希望學生能藉由古物今看的情境中，經驗到古人為了守護這片土地，在修建城牆上展現的努力，體驗到智慧之美，堅毅之美。

漢語成語是中華文化中的詞彙珍品，格式簡潔精闢、語素多是古樸典雅，也就是說成語本身就是一種美的型態。那麼當它融入文本，成為一種語言形式存在於教材中，在進層上必然具有相當程度的審美特性，值得我們加以探討。只是「美」人人需要，人人會說，卻巧妙各有不同；就因每個人切入的角度不同，使得審美這件事無法找到一定的標準。所以我僅能就自己所知，運用美學方法來處理成語在教材中的修辭美感及所扮演的角色。

周慶華（2004）在《語文研究法》一書中，詳盡的介紹各種研究法，來含括語言所包含的各種向度。換句話說，每種研究方法都有其特點與不及之處，無法利用單一種研究法顧及所有層面。因此總括來說，本研究是觀察成語在教材中分布的現象，先藉由語言學的觀點來分析、歸納這些現象；再從美學的角度，來歸納在這些現象中成語的美感特徵及所扮演的角色。

二、研究步驟

確定了研究方法，便能設定本研究的步驟：主要包括蒐集語料（康軒版國語教材中的成語），並從平衡語料庫、語法結構、修辭手法等三個層面來探究國語教材中成語的現象。茲分述如下：

（一）蒐集語料

本研究的首要工作是蒐集語料（data），但礙於能力與時間所限，我只蒐集 2007 年康軒版的國語教材。第一步先逐本、逐課閱讀國小康軒版的國語教材，並同時記錄符合研究範圍的語料。選出

實際進行討論的成語共 322 條（見附錄一），接著將成語予以編號建檔。編號說明如下：

表 1-3-1　國語教材成語資料建檔說明表

冊數	Book
課數	Lesson
示例	B3-L15 → 第三冊第十五課〈語文哈哈笑〉[4]

（二）分項探討

我蒐集語料的同時，也閱讀成語研究的相關文獻，接著依據分析單位與類目的條件加以分類、建檔。本研究的研究語料——成語，屬於詞彙中的固定詞組，所以進行內容分析時以「詞」為分析單位。而成語的數量統計、成語的內部結構分類、成語的語法功能分類、成語的修辭手法，均以次數統計和百分比呈現為主。

成語的語法結構，除了引用朱德熙（1982）《語法講義》與劉月華、潘文娛、故韡（2001）《實用現代漢語語法》兩書中對內部結構及功能的定義外，還採用溫端政（2005）在《漢語語匯學》中的分類方式，來分析成語的內部結構及語法功能，簡要說明如下：

1. 內部結構：將成語的結構先分為「完全二二相承式」與「不完全二二相承式」。前者再分為並列型和非並列型兩類，並列型可進一步細分成為主謂＋主謂型、述賓＋述賓型、述補＋述補型、偏正＋偏正型、聯合＋聯合型；非並列型可細分

---

[4]　凡遇課別為「統整活動」，前面不加 L。示例：B6-統整活動四 → 第六冊統整活動四。

成為主謂式、述賓式、偏正式、聯合式。後者可分為主謂關係型、述賓關係型、述補關係型、偏正關係型、連謂關係型、兼語關係型、並列關係型。再進行個別討論。

2. 語法功能：成語可單獨成句、作為分句，充當句子成分時，可作主語、謂語、賓語、定語、狀語、補語、同位語，進行個別討論。

在成語的修辭手法上，本研究整理陳望道（2006）在《修辭學發凡》、黃慶萱（2007）《修辭學》中的修辭原則，來定義成語的修辭手法。黃慶萱認為修辭手法的功能可以分為表意方法的調整及優美形式的設計。陳望道則依據組織，間或依據作用，將修辭手法分為「材料上」、「意境上」、「詞語上」與「章句上」四大類。本研究的語料「成語」為詞彙，顯然不帶有「章句上」的修辭手法。

本研究就整理兩位學者的說法[5]並依據王勤（2006）所分類的修辭手法，共分為：比喻（可再分為明喻[6]、暗喻、借喻）、誇張、借代、比擬、對照、錯綜、對偶和摹狀等，來作為分析工具。另外，也利用周慶華（2004）所分類的美學類型，包括：優美、崇高、悲壯、滑稽、怪誕來探討成語的美感內容。

透過此研究的層面，我希望能凸顯成語在語法結構功能上及修辭美學上的特色。

本研究從成語的界定出發，並以語法與修辭作為本研究分析教材成語的重點。相關研究架構流程如下所示：

---

[5] 倘若遇相同修辭手法但修辭手法名稱不同時，則以陳望道（2006）所定義的名稱為主。

[6] 可在依本體、喻體、喻詞的關係，細分為 A、B、C 三種。

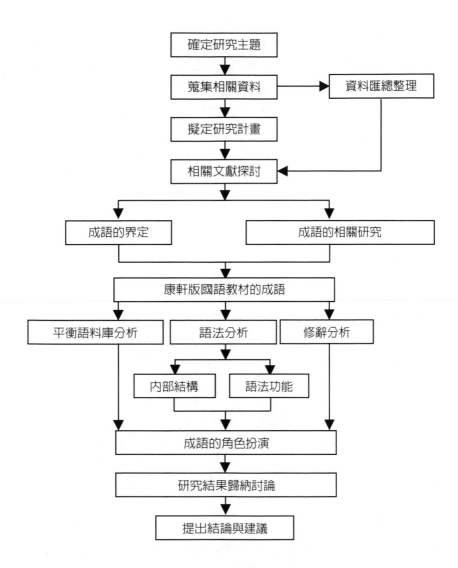

圖 1-3-1　研究架構流程圖

　　根據架構流程，本研究在確定主題後，首先蒐集相關資料，確定研究架構，便動手撰寫研究內容；其後利用文獻探討整理歸納出成語名義及其分析要項；再以康軒版國語教材中的成語作為分析語料，以語法與修辭手法分析著手，藉由這些特色闡述成語在國小國語教材中所扮演的角色；最後將分析結果歸納討論並提出結論與建議。

第四節　名詞釋義

　　成語一詞在《辭海》的解釋為：熟語的一種。習用的固定詞組。在漢語中多由四個字組成。組織多樣，來源不一。所指多為確定的轉義，有些可從字面理解，如：「萬紫千紅」、「乘風破浪」；有些要知來源才能懂，如：「患得患失」出於《論語・陽貨》，「守株待兔」出於《韓非子・五蠹》。（辭海編輯委員會編，2001）

　　馬國凡（1998）認為成語具有定型性、習用性、歷史性和民族性，並根據這些特點，進一步給成語下了這樣的定義：「成語是人們習用的、具有歷史性和民族性的定型詞組；漢語成語以單音結構成分為主，基本形式為四音節。」

　　成語和諺語、歇後語與慣用語都屬於熟語。熟語一詞在《現代漢語詞典》中解釋為：固定詞組，只能整個應用，不能隨意變動其中成分，並且往往不能按照一般的構詞法來分析。（中國社會科學院語言研究所辭典編輯室編，2005）說明了成語、諺語、歇後語與慣用語都是固定詞組，使用時不能隨意變更結構成分。但事實上彼此間一定存在更細微的相異之處，才需要進一步被劃分開來。

　　進一步查閱《現代漢語詞典》可以知道四種熟語類型的解釋分別如下表：

表 1-4-1　　四種熟語類型的詞類與解釋一覽表

熟語類型	詞類	解釋
成語	名詞	人們長期以來習用的、簡潔精闢的定型詞組或短句。漢語的成語大多由四個字組成，一般都有出處。有些成語從字面上不難理解。如：「小題大作」等，有些成語必須知道來源或典故才能懂得意思。如：「杯弓蛇影」等。（173～174）
諺語	名詞	在群眾中間流傳的固定語句，用簡單通俗的話反映出深刻的道理。如：「三個臭皮匠，勝過一個諸葛亮」等。（1573）
歇後語	名詞	由兩個部分組成的一句話，前一部分像謎面，後一部分像謎底，通常只說前一部分，而本意在後一部分。如：「泥菩薩過江——自身難保」等。（1505）
慣用語	名詞	熟語的一種，常以口語色彩較濃的固定詞組表達一個完整的意思，多用其比喻意義。如：「開夜車」等。（506）

　　總觀《現代漢語詞典》的解釋，可以簡單的歸納出以下觀點：一為成語的書面性強而諺語與慣用語的口語性較濃；二為歇後語和其他三者最大的不同，在形式上由前後兩個部分組成。但是只有這樣粗淺的解釋，仍舊無法明確的幫助我們區分成語、諺語、歇後語與慣用語。因此，接下來我試著綜合、歸納各家學者的看法，來比較成語與諺語、歇後語、慣用語的異同，並作成表格如下：

表 1-4-2　　成語與諺語、歇後語、慣用語的比較分析表

熟語類型項目	成語	諺語	歇後語	慣用語
語用特徵	書面語	兼具書面語和口語性	口語性	口語性

語源	先秦時期已經出現，但後世才產生叫名。語素多是古樸、典雅的。有許多是由古代文言色彩較重的諺語簡化節略而來。	先秦就出現，是最早被創造並使用的一類，先在大眾口頭流傳才被典籍記載，都是記錄某一哲理或經驗的，因此有引用性和複呈性。	在唐代出現，當時的歇後語是將欲道出的話藏起來不說，讓聽者去猜。金元以後大量使用，且創造出來的歇後語多為「引註」結構兩部分構成。	唐代就有這類熟語出現，但叫名出現得很晚，大概到二十世紀中葉後才見它現於報端。
經典性[7]	最強，屬於雅言。因需一段不太短的歷史時期成型而不具時代性，也不能是方言的，所以不具地域性。	因屬大眾創作，所以經典性較弱，屬於俗語。時代性及地域性都最強。	不具備，屬於俗語。具時代性及多數只在方言地區使用，所以具地域性。	不具備，屬於俗語。對於時代的反應強烈，及具地域性。
普遍性	漢語等少數語言特有的熟語現象。	古今中外語言中普遍存在的熟語現象。	漢語等少數語言特有的熟語現象。	△[8]
語義特徵	表意具雙層性	只有字面意義的固定詞組	意義具雙層性	意義的比喻性，整體意義不一定同字面意義。
別名	△	鄙語、常言、俚語、俗語、俚諺、諺	縮腳語	△

　　由此可知，成語、諺語、歇後語、慣用語都屬於熟語的範圍，有其各自的特徵；但是經過長時間的演變及發展，要嚴格的區分四者之間的不同並不容易。大致上來說，這四種都是能獨立表意的詞

7　指某個熟語單位出自權威性著作，由於該熟語所從出的著作具權威性，熟語本身也具有了一種權威性，也意味著穩定的存在於語言交際中，可以歷久不衰。

8　符號△，表示查無資料。

組或短句，共通的特點大都是約定俗成有固定的用法等；其中成語
和其他三者最大的區別，在於結構上成語以四字格居多，結構固定
組合固定且意義具雙重性並完整，語用上書面與多於口頭用語，是
比較文雅的語言。

第二章　文獻探討

第一節　成語的安排

　　不論是臺灣或是大陸，對成語這個區塊感興趣的研究者為數眾多，因此每年總會出現許多成語的相關研究，以成語的類型為主軸，如關冰（2004）《形容詞性成語語法結構及功能研究》及董珍蘭（2006）《漢語體態成語研究》；分析成語的語法，如王健（2002）《漢語固定語論與英語相關範疇研究》及鄭培秀（2005）《成語語法分析及其教學策略研究》；還有外籍學生學習成語的現況，如：蔡智敏(2001)《學習中文四字格成語的困難及教學補救策略——以印尼學生為例》及張君松（2005）《泰國學生學習中文成語的困難及教學補救策略》。而數量最多的，便是處理成語教學的部分，如：左東琳（2002）《語文教學中的成語教學》，高紅芳（2004）《論漢語成語在中學語文學科中的教學功能》及蘇靜芳（2004）《國中國文成語教學之研究》等。但本節所要探討的是有關成語的安排。所謂成語的安排，指的是國小國語教材中成語出現及分布的情形。為了讓接下來的論述聚焦，便將探討的範圍縮小至國小國語教材中的成語安排情形。

　　根據這個原則，我只挑選以下兩篇研究來作為本節處理成語安排的對象，這兩篇研究分別為王月鳳（2004）《國民小學本國語文審定本成語內容分析之研究》和涂淑遠（2006）《國小高年級國語教材中成語之內容分析及教學研究》。

　　首先，王月鳳（2004）的研究採用內容分析法，研究範圍為2004 年國民小學一至六年級教育部審核通過的各家國語文版本為主，包括：康軒文化事業股份有限公司（簡稱康軒版），南一書局企業股份有限公司（簡稱南一版），翰林出版事業股份有限公司（簡稱翰林版），仁林文化出版企業有限公司簡稱（仁林版），總計有四十八冊的國小語文教材，再由這些教材課文及課文後的詞語練習中抽取出成語，作為分析的語料。

　　該具體研究目的在於：了解國小本國語文審定本教材中成語使用的情形，統計國小語文領域審定本教材中成語使用的數量，比較國小語文領域審定本教材中各年級使用成語數量的種類。除了統計成語的數量外，還以陳春城所編《活用成語分類辭典》為依據，將各版本所呈現的成語分類，並統計成表，供教學者參考。

　　至於研究統計的結果，各家教材成語呈現的情形，康軒版共有86 個成語，南一版有 89 個成語，翰林版有 107 個成語，仁林版有69 個成語；其中各版本使用相同成語共有 62 個成語，得知翰林版的成語數量最多，仁林版的最少。國小語文領域各版本成語出現的類別共有：心志類、數目類、成敗類、住行類、社交類、心緒類、辨識類、應變類、勤惰類、教化類、慶賀類、言語類、歲時類、態度類、八德類、本末類、智愚類、四維類、心慮類、造詣類、邪惡類、財經類、名實類、雜什類、文學類、盛衰類、地輿類、禍福類、天候類、貧儉類、景物類、思情類、需慾類、軍事類、體貌類、壽夭類、修身類、忿恨類、其他類等三十九類。由各版本成語統計中知道，國小語文教材以描寫景物的成語最多，數目類成語最常使用；在國小階段，生活化成語，因具體實用而最易明瞭，作適合兒童學習運用。

　　根據研究的結果，她提出的建議為國小語文領域審定本教材，成語出現原則要依：（一）易而難原則；（二）由簡而繁原則；（三）由具體而抽象原則；（四）要符合兒童身心發展階段。

　　這是國內第一篇以教材中的成語作為研究語料的論述，摘取語料的範圍完整，橫向包含康軒、南一、翰林、仁林四個版本，縱向囊括一到六年級共十二冊的課本，但整篇研究的語料卻僅有 289 個（扣除重複出現的成語），整理出來的成語數量略顯不足。我猜想與成語的認定有關，因為陳春城所編《活用成語分類辭典》一書所收錄的成語僅約五千四百條，且以社會上一般人常使用的成語為主，因此利用這本辭典來認定小學教材中的四字格是否為成語時，極有可能發生查無此條的狀況。另外，這份研究只從「分類」的角度來探討成語，還是利用已經出版問世的坊間辭典作為分類依據，似乎沒有包含研究者本身較為獨到的見解與想法，甚為可惜。而就安排的角度來看並無法從這篇研究看出一到六年級這條縱向的分布關係。

　　接著是涂淑遠（2006）的研究，同樣是採用「內容分析法」，研究範圍是 2004 年經審定通行的康軒、南一、翰林及仁林等四個版本國小高年級國語教材及習作中的成語。在成語的安排部分，她有以下發現：（一）以總數量來看，在國小高年級四冊的國語教材中，康軒版共有 187 個成語，南一版共有 199 個成語，翰林版共有 177 個成語，仁林版共有 133 個成語，得知南一版的成語數量最多，仁林版的最少。而且四個版本在單元活動中都有和「成語或四字格詞語」相關的教學內容。（二）在四個版本的國語習作中，和成語相關的練習題型共有十二種，只有仁林版每一種題型都有出現，康軒版、南一版和翰林版各有幾種題型沒有出現。另外，也只有仁林

版以「成語造句」和「照樣寫短語」同時為最多含括全部題型，其他三個版本都以「成語造句」為最多。

　　根據研究的結果她提出了如：同一版本同一年段課文中的成語數量應盡量平均；將成語的相關知識利用教材中的「單元統整活動」，由淺到深，有系統的介紹給學生；將成語中較為淺顯易懂的語法知識介紹給學生；習作中和成語相關的練習題型，形式應該多樣化、實用化、趣味化和生活化等建議。

　　這篇研究成語的取料範圍，從橫向看來包含了康軒版、南一版、翰林版、仁林版的教材與習作，就這方面看來非常的完整；但從縱向的角度來看，只取五、六年級這兩個年段，似乎無法完整呈現成語在整個小學階段的分布情形。關於這點，該研究者曾在建議中表示一到四年級這個階段的教材中，因為出現的成語數量不多，因此不建議未來的研究者對這四個年級進行和成語相關的內容分析。對於這一點，我的看法倒是有點不同。一到四年級仍處於基礎語文能力訓練的階段，因此教材中的成語數量或許不多，但並非完全沒有成語，站在研究的角度來看，只要是語料就應該有其研究的價值。也因為這是個基礎階段，收錄其中的成語必然是經過編輯者精挑細選，才能雀屏中選。這樣看來，將這四個年級的成語一併納為研究語料必要性便不言可喻。

　　綜觀這兩篇研究可以發現，它們對於教材中的成語安排都有不足的地方。就我的想法來說，最好的取料範圍應該是包含目前市面上各家版本的一至六年級國語教材；但目前版本開放，大至各縣市小至各校遴選的教材版本都不盡相同，實際上單靠一個人的力量要全數取得各家版本的國語文教材，確實是有相當程度的困難。在這個研究限制的束縛下，本研究擬針對一個版本作為焦點，完整探討

一至六年級的縱向安排，期望能對於成語在小學階段教材中的安排
情形有更進一步的發現與了解，也藉此補強先前研究，讓成語安排
這個區塊的著墨更臻完整。

第二節　成語的語法

　　本研究的成語既然是屬於詞彙的一種，那本節就必須先探討
「詞」的性質與功用。詞的定義為：最小能夠獨立活動的有意義
的語言成分。（朱德熙，2006：11）有人針對這個定義作了進一步
說明：

> 所謂能獨立運用，是指能單說或能單獨（不必與另一些特定
> 的語言成分結合）進入句子。如「工人」是一個詞，因為；
> 第一，它有意義；第二，可以單獨說、單獨回答問題；第三，
> 它是能獨立運用的最小語言單位[1]。（劉月華等，2001：2）

　　成語是由詞所組成的詞組，根據詞組內部組成成分之間的語
法關係，可以把詞組分成五種類型：聯合、偏正、動賓、補充、
主謂。（劉月華等，2001：5～6）當成語這個詞彙進入句子，成為
句子成分，又可按功用分成六種：主語、謂語、賓語、狀語、補
語及定語。（同上：20）詳細的定義與解釋將在本研究的第四章加
以陳述。

---

[1] 如將「工人」進一步分割成「工」和「人」，不僅意義與「工人」不完全相
　同，而且當「工」作名詞使用時，一般也不能單說。

　　有關成語語法的專書中，可分為語法結構與語法功能兩部分，都按照出版年份排序來作呈現，裡面涉及許多語法上專有的名詞，並非是此章節所要探討的主要對象，因此只作概要性的說明，不再針對專有名詞作進一步的處理，分述如下：

一、成語的語法結構

　　最早出現於史式（1979）的《漢語成語研究》一書中，他根據成語的實際狀況，將成語的語法結構分為聯合、主謂、動賓、動補、動補賓、偏正及兼語七種；其中又以聯合結構最為複雜，可再細分成兩部分聯合及四部分聯合。

　　劉叔新（1995）在《漢語描寫詞彙學》中，則從結構的不同性質來分類，包含：並列、修飾、補充、支配、陳說、特殊連接[2]、緊縮、意合等八種。

　　李新連等（1997）在《成語與諺語》中認為成語的構成大多是單音節，以一個音節代表一個意義單位來看，成語又多為四字格，就是由四個音節（四個意義單位）組成，分別從句法結構、句法成分來看成語的內部結構，可以搭配出十分複雜的結構關係。如從句法結構的角度可分為陳述、支配並列、承接等十種；從句法成分可分為（主－謂）、（定－主－謂）、（主－狀－謂）等二十種。

　　馬國凡（1998）在《成語》中認為成語有兩大類：一種是結構上明顯可分為前後兩截；另一種是不可分成兩截的。前者的兩截間有並列、對舉、承接、目的、因果等五種，且每一截內又有主謂、

---

[2]　可再分為連動式與遞系式。

動賓、偏正等關係；後者則有主謂、動賓、動補、動賓補、兼語、偏正及並列七種關係。

　　竺家寧（1999）在《漢語詞彙學》中認為成語有主謂、動賓、偏正、並列、重疊五種常例；賓語前置、詞性變易、成分省略等三種變例。並提出成語沒有動補結構的說法。

　　符淮青（2004）在《現代漢語詞彙》中，係將成語分為簡單的主謂、述賓、述補、述賓補、兼語、偏正、並列等七種。和史式如出一轍，進一步將並列（史式稱為聯合）分為兩部分並列與四語素並列，再將兩部分並列依意義關係分為重複、對比、承接、目的、因果等五種類型。

　　溫端政（2006）在《漢語語匯學》中，先將成語定位在「二二相承[3]的表述語和描述語」，也提出「二二相承」是成語結構特徵的觀點，將成語分為「完全二二相承式」與「不完全二二相承式」兩大類。前者再分為並列型和非並列型兩類，並列型可進一步細分成為主謂＋主謂型、述賓＋述賓型、述補＋述補型、偏正＋偏正型、聯合＋聯合型；非並列型可細分成為主謂式、述賓式、偏正式、聯合式。後者可分為主謂關係、述賓關係型、述補關係型、偏正關係型、連謂關係型、兼語關係型、並列關係型。在這裡要特別提出的是有關「二二相承」的概念與馬國凡的「前後兩截」的概念是相似的，只是以下的小分類不盡相同罷了。

　　綜合以上論述，我發現有些學者對於成語的語法結構提出較為特殊的看法，如劉叔新的「意合結構」等、竺家寧的「重疊結構」

---

[3]　二二相承有兩個含意，一是不論語法結構還是語音結構都採取「二二相承」式；二式與法結構雖然不是「二二相承」式，但語音結構或習慣讀音仍是「二二相承」式。（溫端政，2006：296）

等。但總歸來說，不難歸納出成語的語法結構不外乎為聯合（並列）、偏正、動賓（述賓）、補充（述補）、主謂五大基本類型。加上不少學者也將連動、兼語兩個類型納入，因此即使各家的定義名稱不盡相同，但成語大致上可分成七種結構。

二、成語的語法功能

李新連等（1997）在《成語與諺語》認為，成語本身雖是詞組，但運用在句子中時，實際上仍可視為句子中的一個詞，可以充當一定的句子成分。因此，可以分為體詞性成語和謂詞性成語。前者的語法功能與體詞相當，可以充當句子的主語、賓語、定語及狀語；後者的語法功能則與謂詞相當，可以單獨作為句子的謂語，也可作為句子的定語、狀語及補語。但也有極少數的謂詞性成語，在一定的條件下可以作主語與賓語[4]。

馬國凡（1998）在《成語》中提到成語在句子中的語法作用，除了可以充當主語、謂語、賓語、定語、狀語及補語外，也可以單獨成句。

溫端政（2006）在《漢語語匯學》中，針對成語的語法功能分為三種情形：單獨成句；相當於一個分句，充當複句的成分；相當於詞組，充當句子成分。其中當成語作為詞組時，可以分為主語、謂語、賓語、定語、狀語、補語、同位語七種功能。

---

[4] 如：小明為了獲得高額的獎金，白白轉出了數十萬元的存款，這叫做因小失大。句中的「因小失大」就是賓語。

　　馬國凡與溫端政都提出成語可以單獨成句的看法，跳脫成語只屬於詞彙的思維。總括來說，大多數的學者都認為成語的語法功能包含主語、謂語、賓語、定語、狀語和補語六大類。

　　學位論文方面關於成語的研究不論是國內與大陸都陸陸續續的有人在做，但要涉及成語語法，才與本研究有較高的相關性。本節即針對這個方向，就最新的相關研究進行探討。

　　鄭培秀（2005）《成語語法分析及其教學策略研究》，在成語的句構特點方面，先釐清成語為固定詞組，在形式上有四音節格式、結構成分的固定性及保有古漢語語言特點等特徵；在語義方面具有概念內容的一般性、語義的融合性及表意的雙層性等特點；在語用方面為歷史習用及多用於書面語等特性。接著由成語典《小學生成語辭典》中一千四百條成語為研究對象，配合漢語平衡語料庫進行成語內部結構語句法功能探討。先研究成語的內部結構，針對成語的內部結構作系統性的分類，發現九成以上為前二後二的詞組結構，但統計後發現成語的表面結構仍有過半數為不對稱形式；再深入考察前後兩個詞組的語義組合關係，發現成語可分成八種不同的組合關係：並列、主謂、偏正、動賓、連動、動補、兼語及重疊等，不過這八種內部結構之中仍以主謂結構的成語最多。其對成語句法功能的探討，多數成語只具有一至兩種用法，與一般詞彙同時具有多種的句法功能不同。此外，還調查使用頻率較高的成語和多功能成語句法功能的分布狀況，發現九成五的高頻成語單一句法功能使用率超過五成，六成八的多功能成語單種句法功能使用率超過五成，只有少數多功能成語句法功能呈現平均分布的情況，由此更可了解成語在句法功能使用上的限制。經過實際統計使用的語料忠誠語的句法功能，發現以謂語、定語和狀語為其最常具備也是最常使

用的功能，尤其是謂語功能佔八成以上，說明成語具備很強的謂語與修飾語性質。但成語內部結構與其句法功能之間雖有相關性但無必然的對應性。在成語的教與學方面，利用偏誤分析法蒐集並分析本國國、高中階段學習者的偏誤類型，發現本國學習者與外籍學習者有相同的偏誤類型：一為語意誤用；二為句法功能誤用；三為語義成分搭配不當，不過偏誤比例不太一致。其中又以語義成分搭配不當偏誤比例最高，所以成語的語義搭配成分及句法功能限制是成語學習者的兩大難點。至於影響學習成效的因素有二：成語熟悉度與語義透明度。熟悉度高指使用頻率較高的成語，語義透明度高就是成語義和字面義的連結性高，這二者對學習者而言，偏誤比例偏低、類型較少（尤其是語義偏誤的部分）且集中。

涂淑遠（2006）《國小高年級國語教材中成語之內容分析及教學研究》，分析課文中成語的內部結構和語法功能，得到四個版本的成語內部結構，在「完全二二相承式」中，並列型都以偏正＋偏正為最多，非並列型都以主謂式為最多。在「不完全二二相承式」中，只有仁林版是以偏正關係型和主謂關係型同時為最多，其他三個版本都是以偏正關係型為最多。語法功能部分，單獨成句者為只有翰林版佔 1%，其他三個版本都沒有出現；為分句者，康軒版佔 8%，南一版佔 8%，翰林版 1%，仁林版佔 2%。為詞組者，只有仁林版是以定語為最多，其他三個版本都是以謂語為最多；最少的是同位語，四個版本都沒有出現。另外，自行設計七份成語學習單對自己的三十四位學生進行成語教學，希望學生能從這幾章學習單中學到一些基本的語法知識，教學後發現對孩子而言「成語中的譬喻法」和「成語的組合詞性辨別」難度最高；在學習興趣與態度方面都是普通偏向喜歡、積極的程度較多。

綜觀以上兩篇學術論文，雖然都提及成語的內部結構與語法功能，但對於成語的修辭手法都未加著墨。成語內部結構與語法功能的語料來源，前者使用《小學生成語辭典》中的一千四百條成語及該成語在平衡語料庫中使用的例句，都算是充足的語料，但不屬於現行教材的研究分析範疇，無法和小學的教學現場作較直接的反映與連結；後者使用的語料包含國小康軒、南一、翰林和仁林等四個版本國語教材，優點是可以橫向的呈現不同版本間的差異，但年段限定在高年級，研究成果無法呈現小學階段整體的成語分布情形。另外，分析成語的內部結構與語法功能時，還將語料範圍縮小到出現在「課文」本身中的成語，使得每單冊中可供分析的語料平均剩下 43.5 個，除成語內部結構類型可能不完整外，也較無法看出成語在整體漢語用法中的語法功能。

因此，我從縱向角度，挑選單一版本但包含一到六年級的國語教材，不僅是教材中的成語，出現在每個單元後方的統整活動中的成語也納入研究範圍，期得研究的完整性。以分析成語的內部結構與語法功能作為研究的向度，希能完整的呈現成語本身的語用特徵。

第三節　成語的修辭

本節首先要探討何謂修辭？陳望道（2006：1）《修辭學發凡》對修辭有狹意與廣義兩種看法，可用下圖表示：

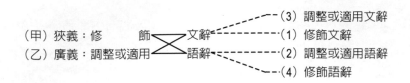

黃慶萱（2007：5～11）在《修辭學》中以下用六個面向，意圖更進一步闡釋對於修辭學的認識：

（一）修辭的內容本質，乃是作者的意象。

（二）修辭的媒介符號，包括語辭和文辭。

（三）修辭的方式，包括調整和設計。

（四）修辭的原則，要求精確而生動。

（五）修辭的目的，要引起對方的共鳴。

（六）修辭學的性質，屬於藝術的一種。

這兩位學者都在強調修辭的實用價值，所以偏重於修辭手法的分類與描述，也是目前較為主流的修辭學，但修辭手法畢竟只是修辭學體系裡的一部分。因此馬惠玲（2007：34～35）在《言意關係的修辭學闡釋——漢語「雙重意義修辭」研究》一書中指出：

> 雙重意義修辭是同一話語形式中含有兩種（或兩種以上），建立歧義與修辭的關係，有效的利用歧義表達雙重意義成為一種修辭手段，達到某種修辭效果和語用目的……成語等熟語因其使用頻繁，已不是間接語言，可直接顯示意義，但被活用後又變成間接語言，需要推導出其意義……利用成語的字面意義、語表意義和語內意義三者錯綜複雜的關係，形成新鮮、富創造性的表達……

　　這項論述相對於傳統以修辭手法為本位的研究，提供了一個新的視角來看待成語的修辭。

　　關於修辭手法的部分，有人認為成語語意的表達，常常利用修辭方法來完成，分析成語的修辭方法，有助於成語的理解與應用（范淑存、于云，1991）；也有人指出成語在語言交際中，有一般語言材料所替代不了的積極修辭作用。（王勤，2006）而大部分的學者都認為成語的修辭手法不外乎有譬喻[5]、借代、比擬、對偶、摹狀[6]、誇張[7]、錯綜等。

　　除了專書，我也整理及分析了兩岸成語修辭手法的相關研究[8]。如下表：

表 2-3-1　兩岸成語修辭手法的相關研究

年代	研究者	研究主題	研究結果與發現
1995	龍青然	成語中的隱喻格式	漢語中有一部分成語是採用隱喻格式選擇語素構造出來的。從所含隱喻格式的多寡來看，這部分成語可分為單喻式和雙喻式兩個類型。
1999	譚汝為	論比喻型成語	比喻型成語是以比喻的方式構成的成語。可以再分成明喻類、略喻類及借喻類。其中借喻類成語的本意就是比喻義，解釋這類成語的釋文，提示語都應用「比喻」，不應用「形容」。
2003	楊鴻銘	成語修辭分析（上、下）	成語的修辭分析，可分為修飾整體形式的對偶、排比、層遞、頂針、回文；修飾字詞形式的錯綜、鑲嵌、類疊、互文；修飾整體內容的譬喻、象徵、摹寫、示現、轉化、誇飾、婉曲、設問、映襯；

---

[5] 也稱「比喻」。
[6] 也稱「摹況」、「摹繪」、「摹寫」。
[7] 也稱「誇飾」。
[8] 包含學術論文與期刊論文。

			修飾字詞內容的設問、藏詞、借代、轉品、雙關、飛白、析字等四大類、二十五小項。
2003	莫彭齡	「四字格」與成語修辭	成語修辭的基本要求是「四字格」化，由於「四字格」的影響和制約，成語修辭在對偶、音律、色彩等方面顯現出豐富多彩的特色。另外一個特點是大量使用修辭格，如比喻、借代、對比、比擬、誇張等。
2005	何永清	成語的語法與修辭及其教學探究	成語是一種精鍊修辭的語句，含有摹況、譬喻、轉化、映襯、借代、對偶、排比、類疊、頂真、回文、鑲嵌、倒裝、誇飾、婉曲、析形、節縮、互文、轉品、藏詞等十九種辭格。
2006	董珍蘭	漢語體態成語研究	體態[9]成語在意義表達形式上很講究文采，常用的修辭手法有：比喻、借代、比擬、誇張、對偶、互文。

　　綜觀上述關於成語修辭的論著，發現到目前為止，尚未有以國小國語教材中的成語作為研究對象，來進行修辭的分析。因此，我認為這是值得加以探討的面向。

第四節　成語的角色扮演

　　利用以上三節談完成語的安排，成語的語法及成語的修辭手法，本節接著要來探討的是成語的角色扮演。

---

[9] 體態語言在一定的情境下，可以用身體的動作、表情來彌補言語表達的不足。

　　曾在以上章節談到成語是相沿成習的一種極具表現力、言簡意豐的語言形式，蘊含著中國人在探索客觀環境時的實際體驗與思維結果。它能用精鍊的文字揭露複雜深奧的道理，抒發深厚的人生感觸。在綱要、標題等不便明說或幾句話無法說明的重要觀點上，倘若能恰當選用成語總能收事半功倍之效，這也就是說成語具有很強的概括性。不僅如此，它豐富的感情、形象、風格色彩，能使我們得到情態形貌的鮮明感受，引發人們對事物的多方聯想，進而讓平凡的語言和文字在我們的眼前生動精采起來，從而獲得審美愉悅，感染力更是十足。而這種種方面的性質與特色，便能勾勒出成語在文本中的角色扮演具有以下的作用或效果：

一、表現文化美感

　　漢語成語來自濃縮神話傳說、概括歷史事實、記述奇聞軼事、節錄詩詞歌賦等，字裡行間反映了中華民族獨特的深厚文化意涵。李新連等（1997）曾針對這點作了一番闡釋，經過我的整理茲分述如下：

（一）成語可反映古人的智慧與才能

　　無數才華洋溢的歷史豪傑和勞心勞力的平凡群眾，相繼出現在這漫長的歷史淵流中，留下了許多表現民族才能的故事，也衍生出許多反映民族智慧的成語。如：「千變萬化」本是用來讚揚一個名叫偃師的藝人技藝高超的。《列子·湯問》記載周穆王西遊時，遇到一個巧匠偃師，他製作的木偶與真人無異，並且在巧匠的操控下

跳起舞來，動作千變萬化，十分靈巧。周穆王見了非常驚異，稱讚
工匠的技藝精巧，有如自然的化育。（教育部國語推行委員會編，
2005）現在，人們常用「千變萬化」來形容動作或事物變化無窮。
又如：「望梅止渴」說明了曹操善用心機，很早就知道靈活的運用
的心理認知。《世說新語・假譎》說東漢末年，曹操帶領著大軍要
去討伐張繡，走到半路，因為天氣十分炎熱，又找不到水源，身上
揹著沉重行囊的士兵個個都又渴又累。此時足智多謀的曹操，心生
一計，就對士兵們說：「弟兄們，前面不遠的地方有一大片的梅林，
結滿了又酸又甜的果實，可以生津解渴。」士兵們聽到之後，每個
人腦中都想起梅子那酸中帶著甘甜的味道，嘴裡不由自主的生出津
液，精神為之一振，不再感到口渴。曹操藉此終於找到水源，解除
部隊沒水喝的窘境。後來這個故事被濃縮成「望梅止渴」，用來比
喻以空想來安慰自己。（同上）

（二）成語可反映古人的禮儀制度與風俗習慣

不少成語是在古代漢民族的共同生活、社會體制中發展形成
的。如：「弄璋之喜」中的「璋」是一種玉器。《詩經・小雅・斯干》
記載著「乃生男子，載寢之床，載衣之裳，載弄之璋。」意思是說，
如果生了男孩，就讓他睡在床上，穿好衣服，給他一塊玉玩，希望
能增進他的德行，預祝他將來能夠成為執玉器的王侯。後來「弄璋」
就被人用來比喻生男孩。「弄璋之喜」也就成了現在恭喜人生男孩
的賀詞。（同上）又如：「鐘鳴鼎食」中的「鐘鳴」是指古時大戶人
家因為人口眾多，開飯時必須敲鐘為號，以聚集眾人；「鼎食」則
是指富貴人家因菜色極為豐富多樣，所以在用餐時飯桌上排列著一

個個裝盛菜餚的鼎，頗為壯觀。在《史記・貨殖列傳》中有：「洒削，薄技也，而郅氏鼎食。」又有：「馬醫，淺方，張里擊鍾。」意思是：郅氏不過擁有磨刀劍這樣的粗淺技藝，張里也只是個能夠簡單醫術的獸醫，但後來卻都得以成為「鼎食」和「擊鍾（「鍾」通「鐘」）」的富戶。後來「鐘鳴鼎食」這句成語就從這裡演變而出，用來形容富貴之家的奢侈豪華。（同上）

（三）成語可反映古人的美德

中華文化中眾多的仁人志士，致力追求自身道德修養的完善，也留下了許多具有思想品德的故事與名句，形成了表現古人崇高品德的成語。如：「手不釋卷」在《典論・自敘》一文裡曹丕記述了父親曹操勤於治學，即使身在軍隊之中，軍務繁忙之際，仍隨時拿著書本閱讀，以充實自己，並常跟曹丕說：一個人年輕的時候學習容易、思慮專一，但等到長大，就容易忘記所學。曹丕以父親的話自我勉勵，即使年長之後，仍舊不斷努力學習。後來《典論・自敘》原文的「手不釋卷」成為一句成語，用來形容人勤奮好學。（同上）又如：「大義滅親」據《左傳・隱公四年》載，衛國大夫石碏的兒子石厚與公子州吁一同謀殺了衛桓公，石碏這種為了國家大義，就派他的家臣獳羊肩到陳國殺死了石厚。這種犧牲父子私情的做法，深受後人所敬佩和讚揚。後來原文中的「大義滅親」演變為成語，就用來比喻為了維護公理正義，不徇私情，滅了犯罪的親人，或讓他們接受法律制裁。（同上）

（四）成語可反映古人的哲學素養

　　隨著社會的發展與變遷，人們對整個社會的認識日漸加深，在實踐中獲得的世界觀和天道思想，也在成語中有所歸納進入了哲學範疇。如：「物極必反」。《文子・九守》中講述：天地運行的自然法則發展到極限，就會朝相反的另一方轉化，過於自滿則會招致損害，像日月盈虧一樣，是不變的道理。古代聖明的天子待人謙沖和善不敢自滿，像容納百川匯注的谿谷，接受來自各方的批評及建言，功業和德行才能不衰退，這就是天道。另外在《文子・尚禮》也有相同的說法：天地萬物循環的道理發展到了極限，就會朝相反的方向轉化，過分盈滿就會有所損害。後來「物極必反」這句成語就從這裡演變而出，用來形容事物發展到極點，必然會轉向發展。（同上）又如：「隨機應變」來自隋煬帝死後，王世充在打敗瓦崗軍後自立為帝，國號為鄭。唐軍發兵攻打東都，王世充不敵，向竇建德求救，這時唐軍大多將領主張退兵避敵。郭孝恪向李世民建言說：「現在正是王世充兵力最弱的時候，一定要乘勝追擊。否則一旦王、竇聯手合兵，對唐軍十分不利。我軍應該馬上分出兵力固守武牢，屯軍氾水，隨機應變，等待時機一舉出擊，必能取勝！」李世民採納郭孝恪的建議，果然打敗竇軍，迫王世充以洛陽城出降。後來「隨機應變」被用來指隨著時機和情況的變化而靈活應付（同上）。

（五）成語可反映古人的倫理道德

　　兩千五百年前孔子創始的儒家學派，不僅受到歷代統治者的青睞，儒家所宣揚的思想經過長期的流傳，不斷地與民眾的現實生活相結合產生了許多經典的成語。如：「推己及人」在《論語·衛靈公》中，孔子說：「己所不欲，勿施於人。」意思就是說，自己所不喜歡的事情，不要加在別人的身上。唯有當一個人能設身處地為他人著想時，才能做到「推己以及人」，達成真正的仁恕之道。後來「推己及人」這句成語就從這裡演變而出，用來形容將心比心，設身處地替別人著想。（同上）又如：「賓至如歸」據《左傳·襄公三十一年》載：晉文公作盟主時，住的是矮小的宮室，使館卻建造得像宮殿般寬敞舒適，車庫馬房都整修得相當完善，道路也平整順暢。諸侯使臣一來到，就在庭中點起照明的火炬，隨時有人查巡戒備，車馬有地方安頓，還有僕役供差遣。座車按時保養，奴僕百官也盡忠職守，盡心照料前來的賓客，讓他們像在自己家裡一樣舒適，不用擔心災禍盜賊。後來《左傳》文中的「賓至如歸」，就用來形容主人招待親切周到，使客人如同回到家裡一樣感到舒適滿意。（同上）

（六）成語可反映古人的另面或異類思想

　　由於時代、認知的侷限，部分成語反映出的思想略為歧出，甚至有些是不合「常情」的。如：「三從四德」，「三從」見於《儀禮·喪服》子夏傳其中提到當時對女子的一些道德要求，就是：「未嫁

從父，既嫁從夫，夫死從子」，說明女子未嫁時服從父親，出嫁後服從丈夫，倘若丈夫亡故則服從兒子。這就是所謂「三從」。「四德」見於《周禮‧天官‧九嬪》所謂婦德、婦言、婦容、婦功，指的是婦人應有貞節柔順的德行、委婉得體的應對辭令、溫雅的體態舉止、熟練的工作技能。這四項要求，就是「四德」。後來這兩個詞語被合用成「三從四德」，用來指舊時婦女必須具備的德性，在這樣的「壓迫」下，不少婦女可能成為舊時代社會的「犧牲品」。（同上）又如：「小國寡民」出自《老子》第八十章小國寡民，使有什佰之器而不用，使民重死而不遠徙，在這樣的國度裡沒有戰爭，人民永遠定居在一個閉塞的小天地裡，這種「退回原始狀態的社會裡」想也是不怎麼合時宜的。

二、產生簡潔效應

成語在語用中可充當各種句子成分：在意義內容中，成語的意義是抽象概括的整體性意義，屬於詞彙的一種；無論是結構還是意義都是不可再被分割的，因此我們可以說成語是屬於詞彙的一種。但另一方面，成語標記複雜的概念和一般詞彙的標記單純概念有所差異：成語豐富的意義蘊含與一般詞彙的單純性與特指性有所區別；成語本身稍長的音節結構，和一般詞彙相比顯然可以承載較多的內容，近似於詞組的容量。以詞組的容量、詞的性質進入語言系統的成語，便可以在言語或文字上產生有如畫龍點睛一般的簡潔效應。如：

　　她一看到他，嘴唇動了動，想笑，但顯得力不從心。（鄭清文，1998：76）

　　曾水木對待家教，可說無微不至。（同上，76）

　　這兩句話都使用了成語，言簡意賅，表現力強，如果兩個成語替換成兩個一般詞彙，不能表達這麼豐富的意義；如果替換成一般詞組，則不能有如此明快的語用效果。又如：

　　當我們過分急功近利的時候，我們失去了春花秋月，難道不惋惜嗎？我們失去了孩子、老人的天倫之樂，難道不遺憾嗎？我們失去了很多逍遙遊的機會，讓自己的年華迅速老去，卻累積了一大堆無用的事功，難道內心不愧疚嗎？（于丹，2007：34）

　　文中使用「急功近利」、「春花秋月」、「天倫之樂」三個成語，使得成語所在的句子簡潔有力，並讓整段文章有濃縮洗鍊的明快感覺。如果使用意義相同，但屬一般詞彙或詞組來替換這些成語，則有散漫無力之感，失去如此簡潔明瞭的語用效果。

　　還有值得注意的一點是，如先之前所說不少成語是來自於古代的神話、預言和歷史故事，它們往往都包含一篇篇完整的故事，使用這類成語會使人產生對典源的聯想，用短小的形式來表達完整故事的精華，這也足以呈現簡潔效應。如：《魏書·良吏傳》：「辭勇及武，自相矛盾」。例子中的「自相矛盾」簡單四個字，令人聯想到《韓非子》中的一個故事，包含著豐富意義內涵，比喻行事或言語先後不相應、互相抵觸。

三、極具形象功能

　　有些成語不僅反映了客觀事物、情態現象，同時也表現出事物、情態的具體形象，使得成語具有鮮明的形象功能。這種形象是站在成語的理性意義上所形成的一種感性心理活動，就是依個人的美感來作具體形狀或姿態的聯想，讓成語具有真實的可感性。具有形象功能的成語能夠把事物生動的描繪出來，增強語言的表現力和感染力，為有效表情達意的手段。可以分成以下三點作進一步的說明：

（一）表達意象明顯清晰

　　成語的形象功能縮減了言語的抽象感，使意象明晰，有助於我們運用想像力去推敲與模擬意象，也有令人回味無窮的審美空間。如：湯顯祖在《牡丹亭》中用「姹紫嫣紅」來形容美麗的生命，不僅讓人感覺到色彩豔麗的畫面，同時也讓人聯想到生命就像花朵綻放得再豔麗也有凋零枯萎的一日，使人不能甘心。又如：「畫蛇添足」來比喻多此一舉，寓抽象的事理於精妙的形象之中，讓人非常容易體悟其道理並反覆玩味。

（二）描繪事物鮮明逼真

　　成語從感覺體驗來看有視覺、聽覺、嗅覺及觸覺幾種類型，利用這種體驗性的描述讓人將各種事物的印象深刻在腦海中。如：「如

雷貫耳」好像轟隆作響的雷聲一下灌入耳朵那樣響亮就屬於聽覺類型。又如:「火傘高張」形容烈日就如一把敞開的大傘籠罩著大地,令人無所頓逃,屬於觸覺類型。

(三)刻畫人物栩栩如生

成語在刻畫人物外貌,凸顯人物性格特點方面佔有很大的優勢。如:「眉清目秀」利用臉部器官的描述來形容一個人面貌清明俊秀,長相美麗;又如:「鐵石心腸」藉由鋼鐵和石塊都是堅硬之物的形象,用來形容一個人的心,就表示此人的意志十分堅定,不容易動搖。

四、富有音韻美感

成語多為兩兩相對的四字格形式,音節整齊、勻稱,聲調平仄相調,起伏有致,在語用過程中能增強音韻美感,給人形式整齊、鏗鏘有力的美感享受。有人提到:

> 我國古典詩詞特別講究節奏和韻律。古典詩詞大都把兩個音節當成一個音步,把一個音步當成一個節奏點,透過音調的平仄相對、相黏來表現詩歌的節奏和韻律,成語繼承了古典詩詞的這一特點,形成了明快的節奏和諧優美的韻律。(李新連等,1997:48~49)

根據孫維張(1989)的看法,成語的音韻可以分成三部分來說明:

（一）節拍的劃分

1. 單音節式：如：風——花——雪——月。
2. 雙音節式：如：三三——兩兩。
3. 單雙重疊式：如：異——曲——同——工[10]。
4. 單雙交錯式：如：孜孜——不倦。
5. 非二二式節拍：如：打——退堂鼓。

（二）平仄的配置

1. 完全和諧式：
   (1) 平仄對立式：如：正大光明（仄仄平平）。
   (2) 平仄相間式：如：風起雲湧（平仄平仄）。
   (3) 平起平落式：如：得意忘形（平仄仄平）。
   (4) 仄起仄落式：如：捕風捉影（仄平平仄）。
2. 不完全和諧式：
   (1) 平仄相隔：如：川流不息（平平仄平）。
   (2) 頭尾孤平：如：獨立自主（平仄仄仄）。
   (3) 前後獨仄：如：旁徵博引（仄平平平）。
3. 四字平仄全相同：
   (1) 四字全平：如：杯盤狼藉。
   (2) 四字全仄：如：任重道遠。

---

[10] 也可作「異曲——同工」

（三）聲音的復沓

1. 雙聲：

(1) 全部音節為一個聲母：如：斤斤計較。

(2) 前後兩個音步各為雙聲：如：琳瑯滿目。

(3) 前後兩個音步構成雙聲：如：並行不悖。

(4) 或前一音步或後一音步雙聲：如：相形見絀。

2. 疊韻：

(1) 四個字的韻母全部相同或部分相同：如：千難萬險。

(2) 前後兩個音步各成疊韻：如：道貌岸然。

(3) 或前一音步或後一音步疊韻：如：大發雷霆。

3. 雙聲疊韻：如：有眼無珠。

4. 疊音：

(1) 完全疊音：如：鬼鬼祟祟。

(2) 不完全疊音：如：嗷嗷待哺。

(3) 交錯疊音：如：百發百中。

5. 押韻：

(1) 首尾韻：如：和顏悅色。

(2) 二、四韻：如：聚沙成塔。

　　總括來說成語藉由音節的劃分、平仄的排列、聲音的復沓，使我們讀起來不僅有一種明快悅耳的節奏感，也有種搖曳跌宕、錯落有致的旋律美。而這一部分，都可綜合用來檢視國語教材中成語的角色扮演究竟有何「置入思維」的可觀摩性及其「版本特徵」。至於還可以一併考察的成語數量在國語教材中的角色扮演，由於一般

的研究成果都未見有這一部分，所以就沒有在本文獻探討中呈現；
只好留到第六章我再別為處理。

第三章　成語的安排情況

第一節　出現次數及冊別分布情形

根據我的觀察整理（詳見附錄二，2007 年康軒版國語教材成語一覽表），康軒版國語教材中總計收錄成語 408 個，扣除重複出現的成語，計有 322 個。

首先我按照年級，統計各年級所出現的成語個數，可先以圖表示：

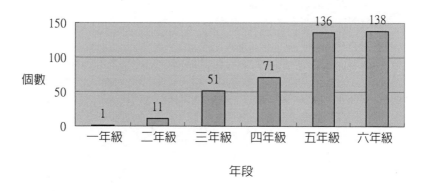

圖 3-1-1　各年段的成語數量分配圖

上圖顯示康軒版國語教材中成語的數量分布為一年級 1 個，二年級 11 個，三年級 51 個，四年級 71 個，五年級 136 個，六年級 138 個，詳細的分布情形如下表所示：

表 3-1-1　各年段的成語一覽表

學期別	出現成語（未扣除重複出現的成語）
一上	大街小巷
一下	無
二上	心想事成、招財進寶、東倒西歪
二下	分工合作、兩全其美、青山綠水、氣喘吁吁、東張西望、左鄰右舍、左鄰右舍、難兄難弟
三上	不知不覺、不知不覺、三三兩兩、一五一十、表裡如一、字裡行間、古色古香、氣喘如牛、有始有終、有始有終、持之以恆、身歷其境、參差不齊、慌慌張張、吞吞吐吐、無名英雄、守株待兔、談虎色變、生龍活虎、打草驚蛇、
三上	雞飛狗跳、膽小如鼠、識途老馬、一馬當先、馬到成功、有氣無力、守株待兔、生龍活虎、識途老馬、膽小如鼠、馬到成功
三下	鳥語花香、綿綿不斷、不偏不倚、栩栩如生、點石成金、過目不忘、大開眼界、山光水色、雲消霧散、青山綠水、投桃報李、四面八方、蜂擁而來、悶悶不樂、於事無補、一模一樣、拾金不昧、捨己救人、人山人海、一目了然
四上	自由自在、奇形怪狀、形形色色、依依不捨、晴空萬里、層層疊疊、接二連三、重重疊疊、理直氣壯、舉手之勞、鍥而不捨、不約而同、各式各樣、意想不到、興高采烈、興高采烈、興高采烈、悠閒自在、自由自在、平鋪直敘、依依不捨、至理名言、撥雲見日、從容不迫、重重疊疊、依依不捨、趾高氣昂
四下	七嘴八舌、成雙成對、小心翼翼、翻山越嶺、度日如年、無緣無故、貪生怕死、大吉大利、躡手躡腳、千變萬化、心滿意足、眉開眼笑、怨聲載道、三年五載、多災多難、平鋪直敘、患難與共、心滿意足、眉開眼笑、得心應手、鑼鼓喧天、捲土重來、摩拳擦掌、絞盡腦汁、半途而廢、鍥而不捨、一清二楚、大開眼界、冷嘲熱諷、當之無愧、接二連三、茹毛飲血、日新月異、永無止境、半途而廢、判若兩人、眾叛親離、有板有眼、五彩繽紛、志同道合、迫不及待、回味無窮、浩浩蕩蕩、突飛猛進
五上	神態自若、高談闊論、面面相覷、靈機一動、大禍臨頭、不明不白、恍然大悟、臨機應變、出奇制勝、相應不理、針鋒相對、相應不理、

	約定俗成、高談闊論、天花亂墜、半信半疑、顛撲不破、噤若寒蟬、彈盡糧絕、憂心忡忡、靈機一動、燃眉之急、順手牽羊、千辛萬苦、念念不忘、與世長辭、四海一家、不屈不撓、千千萬萬、生生不息、欣欣向榮、家喻戶曉、千千萬萬、生生不息、適者生存、意猶未盡、拍案叫絕、無邊無際、順流而下、神色自若、離群索居、成群結隊、形單影隻、自給自足、力透紙背、神色自若、平鋪直敘、雨過天青、夜深人靜、情景交融、隨時隨地、一目了然、合情合理、無時無刻、聽天由命、神采奕奕、容光煥發、無精打采
五下	一清二楚、得心應手、持之以恆、受用無窮、呱呱墜地、喃喃自語、聚沙成塔、聚沙成塔、切磋琢磨、沈魚落雁、引吭高歌、讚不絕口、切磋琢磨、事半功倍、克紹箕裘、天花亂墜、口若懸河、絡繹不絕、填街塞巷、心花怒放、言之有理、一望無際、膽戰心驚、黑白分明、抑揚頓挫、重重疊疊、金蟬脫殼、逃之夭夭、恍然大悟、目不暇給、美不勝收、不假思索、信以為真、習以為常、似是而非、糊里糊塗、追根究底、夢寐以求、漫不經心、天真爛漫、異想天開、熱情洋溢、無拘無束、自由自在、似曾相識、跋山涉水、翻山越嶺、扣人心弦、詩詞歌賦、生離死別、膾炙人口、字裡行間、煞有其事、鐵面無私、手舞足蹈、纏綿悱惻、相依為命、不知不覺、悲歡離合、喜怒哀樂、依依不捨、悶悶不樂、言之有物、萬馬奔騰、兵來將擋、高談闊論、老弱殘兵、若無其事、自言自語、氣定神閒、先見之明、神機妙算、名不虛傳、別出心裁、無拘無束、自由自在、似曾相識、不疾不徐
六上	輕而易舉、心灰意冷、漫無目的、慘不忍睹、楚楚可憐、靈機一動、津津有味、心存芥蒂、借題發揮、無理取鬧、旗鼓相當、憂心忡忡、百感交集、全力以赴、各就各位、並駕齊驅、難分難解、管鮑之交、刎頸之交、足智多謀、津津有味、真相大白、化險為夷、臨機應變、狐假虎威、狐假虎威、狐假虎威、狐假虎威、畫蛇添足、鷸蚌相爭、落荒而逃、狐假虎威、妙趣橫生、平鋪直敘、按部就班、熙熙攘攘、金碧輝煌、亭臺樓閣、奇花異草、珍禽異獸、大開眼界、四通八達、湖光山色、魚米之鄉、夜以繼日、栩栩如生、氣勢磅礴、左鄰右舍、心滿意足、易如反掌、興致勃勃、打退堂鼓、溫文儒雅、舉世無雙、精雕細琢、二話不說、莫名其妙、無地自容、無影無蹤、引而不發、興致勃勃、打退堂鼓、打退堂鼓、冠蓋雲集、達官貴人、耳目一新、滔滔不絕、喋喋不休、滔滔不絕、錦上添花、意猶未盡、截然不同、

	有條有理、五彩繽紛、成千上萬、姹紫嫣紅、詩情畫意、五花八門、人云亦云、離鄉背井、不勝枚舉、日新月異、隨時隨地、身歷其境、輕而易舉、息息相關、同心協力、
六下	意猶未盡、悠閒自得、如獲至寶、後顧之憂、兢兢業業、爭先恐後、密不透風、突如其來、志在四方、名山大川、千辛萬苦、鍥而不捨、美輪美奐、固若金湯、飲酒作樂、威震天下、耳熟能詳、綠草如茵、源源不絕、日以繼夜、同心協力、齊心協力、一鳴驚人、源源不絕、形形色色、依依不捨、意猶未盡、獨一無二、自怨自艾、偷工減料、讚不絕口、不知所云、一模一樣、耳熟能詳、顧名思義、懵懵懂懂、眾目睽睽、有福同享、有難同當、患難之交、拍案叫絕、刮目相看、同心協力、歷歷在目、同甘共苦、糊里糊塗、談天說地、一路順風、不亦樂乎、依依不捨、酸甜苦辣、

　　由圖表可知成語數量隨著年級的升高而增加。尤以高年段（五、六年級）的數量最多有 274 個，佔全部成語的 67%。

　　另外，教材中相同的成語會重複出現，出現次數的統計如下圖：

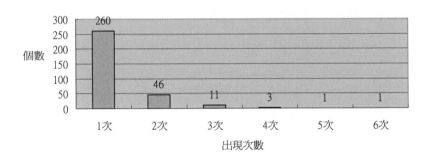

圖 3-1-2　相同成語出現情形統計圖

　　可以發現相同成語重複出現的情形為：只出現 1 次有 260 個，出現 2 次 46 個，出現 3 次 11 個，出現 4 次 3 個，出現 5 次 1 個，出現 6 次 1 個，詳細情形如下表所示：

表 3-1-2　相同成語出現情形一覽表

出現次數	成語一覽
1 次	一五一十、不假思索、先見之明、自怨自艾、受用無窮、怨聲載道、神機妙算、鳥語花香、意想不到、與世長辭、難分難解、一馬當先、不偏不倚、全力以赴、自給自足、呱呱墜地、按部就班、茹毛飲血、喜怒哀樂、慌慌張張、酸甜苦辣、難兄難弟、一望無際、不勝枚舉、刎頸之交、至理名言、固若金湯、拾金不昧、逃之夭夭、喋喋不休、同甘共苦、姹紫嫣紅、夜以繼日、珍禽異獸、追根究底、楚楚可憐、齊心協力、顛撲不破、一路順風、五花八門、喃喃自語、溫文儒雅、層層疊疊、纏綿悱惻、一鳴驚人、分工合作、各式各樣、似是而非、夜深人靜、相依為命、針鋒相對、悲歡離合、煞有其事、彈盡糧絕、鐵面無私、七嘴八舌、化險為夷、各就各位、克紹箕裘、奇形怪狀、突如其來、偷工減料、晴空萬里、當之無愧、摩拳擦掌、顧名思義、二話不說、天真爛漫、名山大川、兵來將擋、奇花異草、突飛猛進、參差不齊、湖光山色、萬馬奔騰、撥雲見日、聽天由命、人山人海、引而不發、名不虛傳、冷嘲熱諷、念念不忘、約定俗成、密不透風、無名英雄、落荒而逃、熱情洋溢、鷸蚌相爭、人云亦云、引吭高歌、合情合理、別出心裁、招財進寶、美不勝收、從容不迫、無地自容、蜂擁而來、談天說地、躡手躡腳、力透紙背、心存芥蒂、回味無窮、判若兩人、於事無補、美輪美奐、患難之交、無時無刻、詩情畫意、談虎色變、鑼鼓喧天、三三兩兩、心灰意冷、多災多難、吞吞吐吐、易如反掌、若無其事、患難與共、無理取鬧、詩詞歌賦、適者生存、三年五載、心花怒放、如獲至寶、妙趣橫生、東倒西歪、迫不及待、悠閒自在、無精打采、達官貴人、噤若寒蟬、千變萬化、心想事成、成千上萬、形單影隻、東張西望、面面相覷、悠閒自得、無影無蹤、過目不忘、歷歷在目、口若懸河、手舞足蹈、成群結隊、志同道合、欣欣向榮、借題發揮、情景交融、無緣無故、兢兢業業、燃眉之急、

	大吉大利、日以繼夜、成雙成對、志在四方、爭先恐後、家喻戶曉、捲土重來、無邊無際、夢寐以求、獨一無二、大街小巷、出奇制勝、扣人心弦、投桃報李、表裡如一、容光煥發、捨己救人、畫蛇添足、慘不忍睹、錦上添花、大禍臨頭、半信半疑、有板有眼、抑揚頓挫、金碧輝煌、息息相關、理直氣壯、絞盡腦汁、截然不同、膽戰心驚、小心翼翼、古色古香、有氣無力、沈魚落雁、金蟬脫殼、氣定神閒、異想天開、絡繹不絕、旗鼓相當、膾炙人口、山光水色、四面八方、有條有理、言之有物、雨過天青、氣喘吁吁、眾目睽睽、跋山涉水、漫不經心、舉手之勞、不亦樂乎、四海一家、有福同享、言之有理、亭臺樓閣、氣喘如牛、眾叛親離、雲消霧散、漫無目的、舉世無雙、不屈不撓、四通八達、有難同當、足智多謀、信以為真、不明不白、打草驚蛇、百感交集、並駕齊驅、冠蓋雲集、氣勢磅礡、習以為常、順手牽羊、熙熙攘攘、點石成金、浩浩蕩蕩、莫名其妙、順流而下、管鮑之交、離鄉背井、不知所云、永無止境、老弱殘兵、事半功倍、威震天下、真相大白、貪生怕死、飲酒作樂、精雕細琢、離群索居、不約而同、生離死別、耳目一新、兩全其美、度日如年、神采奕奕、趾高氣昂、黑白分明、綠草如茵、雞飛狗跳、不疾不徐、目不暇給、自言自語、刮目相看、後顧之憂、神態自若、魚米之鄉、填街塞巷、綿綿不斷、懵懵懂懂
2次	一目了然、字裡行間、相應不理、輕而易舉、一清二楚、守株待兔、眉開眼笑、憂心忡忡、一模一樣、有始有終、栩栩如生、糊里糊塗、千千萬萬、耳熟能詳、神色自若、興致勃勃、千辛萬苦、似曾相識、馬到成功、隨時隨地、五彩繽紛、形形色色、得心應手、膽小如鼠、切磋琢磨、身歷其境、接二連三、臨機應變、天花亂墜、拍案叫絕、悶悶不樂、翻山越嶺、日新月異、青山綠水、無拘無束、識途老馬、半途而廢、恍然大悟、源源不絕、讚不絕口、生生不息、持之以恆、滔滔不絕、生龍活虎、津津有味、聚沙成塔
3次	大開眼界、不知不覺、心滿意足、左鄰右舍、打退堂鼓、同心協力、重重疊疊、高談闊論、興高采烈、鍥而不捨、靈機一動
4次	平鋪直敘、自由自在、意猶未盡
5次	狐假虎威
6次	依依不捨

　　由上圖表可知，康軒版重複出現的成語不多，重複出現兩次以上的成語僅有 62 個，只佔成語總數 322 個的 19%左右。

　　如果將探討的範圍縮小至每冊中每一課中成語的數量，結果如下表：

表 3-1-3　一至十二冊各課成語數量一覽表

第一冊		第二冊		第三冊		第四冊		第五冊		第六冊		第七冊		第八冊		第九冊		第十冊		第十一冊		第十二冊	
課別	成語個數	課別	成語個數	課別	成語個數	課別	成語個數	課別	成語個數	課別	成語個數	課別	成語個數	課別	成語個數	課別	成語個數	課別	成語個數	課別	成語個數	課別	成語個數
1	0	1	0	1	0	1	0	1	0	1	0	1	0	1	1	1	0	1	2	1	0	1	3
2	0	2	0	2	0	2	0	2	1	2	0	2	3	2	3	2	0	2	4	2	4	2	1
3	0	3	0	3	0	3	0	3	3	3	1	3	1	3	1	3	6	3	3	3	10	3	1
4	0	4	0	4	0	4	0	4	0	4	1	4	4	4	0	4	0	4	0	4	0	4	2
5	0	5	0	5	0	5	0	5	0	5	2	5	1	5	1	5	1	5	3	5	5	5	4
6	0	6	0	6	0	6	1	6	0	6	0	6	0	6	0	6	1	6	0	6	8	6	4
7	0	7	0	7	0	7	1	7	0	7	0	7	2	7	1	7	0	7	2	7	9	7	1
8	1	8	0	8	0	8	2	8	1	8	1	8	1	8	1	8	3	8	1	8	1	8	10
		9	0	9	0	9	0	9	0	9	3	9	2	9	2	9	6	9	6	9	2	9	1
		10	0	10	1	10	0	10	0	10	0	10	3	10	0	10	3	10	2	10	7	10	10
		11	0	11	0	11	2	11	2	11	2	11	0	11	1	11	1	11	7	11	5	11	5
		12	0	12	0	12	1	12	1	12	0	12	0	12	1	12	1	12	8	12	1	12	1
		13	0	13	0	13	0	13	9	13	0	13	0	13	0	13	1	13	2	13	10	13	6
		14	1	14	0	14	1	14	1	14	0	14	0	14	2	14	0	14	1	14	1		
				15	1	15	1																

上表這一至十二冊共 160 課的語料也可以下圖表示：

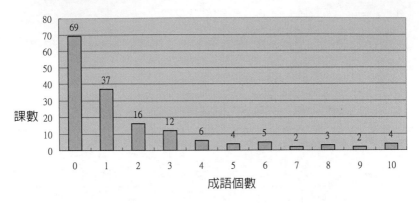

圖 3-1-3　一至十二冊各課成語數量統計圖

　　從上圖可以知道整篇課文中都沒有出現成語的有 69 課，約為 43%；課文中出現 1 個成語的有 37 課，約為 23%；課文中出現 2 個成語的有 16 課，約為 10%；課文中出現 3 個成語的有 12 課，約為 7.5%；課文中出現 4 個成語的有 6 課，約為 3.7%；課文中出現 5 個成語的有 4 課，約為 2.5%；課文中出現 6 個成語的有 5 課，約為 3.1%；課文中出現 7 個成語的有 2 課，約為 1.2%；課文中出現 8 個成語的有 3 課，約為 1.9%；課文中出現 9 個成語的有 2 課，約為 1.2%；課文中出現 10 個成語的有 4 課，約為 2.5%。

第二節　平衡語料庫的出現次數及詞類分布

　　本節的研究工具採中央研究院現代漢語平衡語料庫（4.0 版）（以下簡稱平衡語料庫），它是專門針對語言分析而設計的，每個文句都依詞斷開，也是第一部有詞類標記的中文詞頻詞典，可以提供計量研究的重要基本資料。其語料的蒐集也儘量做到現代漢語分配在不同的主題和語式上，是現代漢語無窮多的語句中一個代表性的樣本。不但可以滿足提供語料作為觀察、驗證、測試的基本功能；更可配合各種搜尋檢索及統計工具，協助使用者找到語言規律與自然語言處理的良好方法。

　　我將 2007 年康軒版國語教材中的成語，一一鍵入平衡語料庫的自訂查詢功能後[1]，所得出現筆數及詞類分布情形整理為「2007年康軒版國語教材中成語在平衡語料庫裡出現筆數及詞類統計表」（見附錄三）。從附錄二可以看出康軒版國語教材中的成語，在現代漢語平衡語料庫中出現的筆數從少到多的個數為：0 筆 54 個，1筆 12 個，2 筆 23 個，3 筆 20 個，4 筆 18 個，5 筆 17 個，6 筆 17個，7 筆 19 個，8 筆 18 個，9 筆 11 個，10 筆 8 個，11 筆 6 個，12 筆 6 個，13 筆 9 個，14 筆 8 個，15 筆 8 個，16 筆 5 個，17 筆9 個，18 筆 5 個，19 筆 5 個，20 筆 4 個，21 筆 4 個，22 筆 5 個，23 筆 1 個，24 筆 6 個，25 筆 4 個，26 筆 1 個，27 筆 2 個，28 筆2 個，29 筆 1 個，30 筆 1 個，31 筆 1 個，32 筆 1 個，33 筆 2 個，

---

[1]　自訂語料庫搜尋範圍，將語式、文體、媒體、主題搜尋範圍都訂為全部，並利用「顯示複雜詞類特徵」功能，來統計成語的複雜詞類類型。

35 筆 1 個，36 筆 1 個，38 筆 1 個，40 筆 2 個，43 筆 2 個，44 筆 1 個，48 筆 1 個，50 筆 1 個，53 筆 1 個，57 筆 1 個，86 筆 1 個，117 筆 1 個。詳細情形如下表所示：

表 3-2-1　成語在平衡語料庫的出現情形

出現筆數	成語一覽
0 筆	一路順風、力透紙背、三年五載、大吉大利、大禍臨頭、引而不發、心存芥蒂、四海一家、永無止境、刎頸之交、名山大川、回味無窮、成雙成對、有福同享、有難同當、老弱殘兵、姹紫嫣紅、判若兩人、妙趣橫生、志在四方、投桃報李、沈魚落雁、言之有理、受用無窮、拍案叫絕、亭臺樓閣、威震天下、拾金不昧、氣喘吁吁、氣勢磅礡、神態自若、密不透風、悠閒自在、悠閒自得、情景交融、捨己救人、貪生怕死、趾高氣昂、跋山涉水、雲消霧散、順流而下、飲酒作樂、填街塞巷、蜂擁而來、詩詞歌賦、過目不忘、管鮑之交、綿綿不斷、聚沙成塔、齊心協力、彈盡糧絕、熱情洋溢、隨時隨地、舉世無雙
1 筆	不假思索、各就各位、克紹箕裘、呱呱墜地、重重疊疊、神色自若、患難之交、患難與共、眾目睽睽、眾叛親離、談虎色變、顛撲不破
2 筆	一五一十、不疾不徐、切磋琢磨、平鋪直敘、打草驚蛇、名不虛傳、多災多難、兵來將擋、足智多謀、固若金湯、狐假虎威、表裡如一、真相大白、湖光山色、無名英雄、無理取鬧、順手牽羊、楚楚可憐、酸甜苦辣、層層疊疊、懵懵懂懂、識途老馬、鐵面無私
3 筆	引吭高歌、出奇制勝、先見之明、守株待兔、有始有終、形單影隻、抑揚頓挫、金蟬脫殼、冠蓋雲集、珍禽異獸、神機妙算、馬到成功、異想天開、煞有其事、萬馬奔騰、綠草如茵、與世長辭、難兄難弟、纏綿悱惻、鷸蚌相爭
4 筆	山光水色、天花亂墜、天真爛漫、如獲至寶、有氣無力、言之有物、奇花異草、招財進寶、茹毛飲血、魚米之鄉、無地自容、無邊無際、漫無目的、熙熙攘攘、精雕細琢、撥雲見日、燃眉之急、離群索居
5 筆	人云亦云、口若懸河、心花怒放、打退堂鼓、夜以繼日、度日如年、相應不理、眉開眼笑、鳥語花香、畫蛇添足、落荒而逃、噤若寒蟬、膽小如鼠、膽戰心驚、臨機應變、難分難解、躡手躡腳

6 筆	化險為夷、日以繼夜、生龍活虎、扣人心弦、有板有眼、有條有理、百感交集、易如反掌、約定俗成、容光煥發、從容不迫、溫文儒雅、當之無愧、旗鼓相當、談天說地、點石成金、雞飛狗跳
7 筆	二話不說、不知所云、雨過天青、信以為真、相依為命、家喻戶曉、氣定神閒、氣喘如牛、針鋒相對、高談闊論、喋喋不休、黑白分明、達官貴人、摩拳擦掌、糊里糊塗、適者生存、舉手之勞、聽天由命、鑼鼓喧天
8 筆	一馬當先、一鳴驚人、不明不白、不偏不倚、半信半疑、自怨自艾、至理名言、冷嘲熱諷、於事無補、東張西望、怨聲載道、借題發揮、神采奕奕、悲歡離合、慌慌張張、源源不絕、歷歷在目、錦上添花
9 筆	不屈不撓、心想事成、同甘共苦、美輪美奐、若無其事、逃之夭夭、捲土重來、喃喃自語、悶悶不樂、晴空萬里、翻山越嶺
10 筆	心灰意冷、合情合理、吞吞吐吐、青山綠水、面面相覷、習以為常、漫不經心、鍥而不捨
11 筆	人山人海、三三兩兩、並駕齊驅、夜深人靜、參差不齊、無精打采
12 筆	似是而非、兩全其美、突飛猛進、美不勝收、夢寐以求、讚不絕口
13 筆	一清二楚、字裡行間、爭先恐後、金碧輝煌、按部就班、追根究底、絞盡腦汁、詩情畫意、輕而易舉
14 筆	一目了然、古色古香、四通八達、持之以恆、突如其來、偷工減料、無緣無故、兢兢業業
15 筆	七嘴八舌、千千萬萬、手舞足蹈、半途而廢、成群結隊、耳目一新、東倒西歪、喜怒哀樂
16 筆	似曾相識、別出心裁、奇形怪狀、無拘無束、慘不忍睹
17 筆	一望無際、大開眼界、不亦樂乎、左鄰右舍、生離死別、事半功倍、念念不忘、浩浩蕩蕩、接二連三
18 筆	千辛萬苦、心滿意足、無影無蹤、膾炙人口、離鄉背井
19 筆	欣欣向榮、絡繹不絕、意猶末盡、滔滔不絕、顧名思義
20 筆	五彩繽紛、目不暇給、身歷其境、栩栩如生
21 筆	四面八方、自言自語、後顧之憂、興致勃勃
22 筆	自給自足、形形色色、刮目相看、津津有味、理直氣壯
23 筆	意想不到
24 筆	千變萬化
25 筆	日新月異、志同道合、得心應手、無時無刻

26 筆	耳熟能詳
27 筆	同心協力、靈機一動
28 筆	分工合作、生生不息
29 筆	不勝枚舉
30 筆	興高采烈
31 筆	憂心忡忡
32 筆	恍然大悟
33 筆	一模一樣、大街小巷
35 筆	五花八門
36 筆	成千上萬
38 筆	全力以赴
40 筆	自由自在、依依不捨
43 筆	迫不及待、獨一無二
44 筆	不約而同
48 筆	小心翼翼
50 筆	截然不同
53 筆	莫名其妙
57 筆	息息相關
86 筆	不知不覺
117 筆	各式各樣

　　由上表可知為平衡語料庫收錄的成語數為 268 個，出現筆數為 0 筆的成語有 54 個，約佔全部 322 個成語的 17%，接近五分之一。

　　另外，附錄三也可以看出為平衡語料庫所收錄的 268 個成語，在詞類上會因所屬句子不同而改變詞類的成語有 3 個，分別是千辛萬苦、大開眼界及接二連三。其餘 265 個成語都為固定詞類。其詞類的分布為：A（非謂形容詞）2 個，D（副詞）12 個，Dk（句副詞）1 個，Na（普通名詞）22 個，Nc（地方詞）3 個，Ncd（位置詞）1 個，Neqa（數量定詞）1 個，Neu（數詞定詞）1 個，VA（動

作不及物動詞）45 個，VB（動作類及物動詞）3 個，VE（動作句賓動詞）2 個，VH（狀態不及物動詞）172 個，VI（狀態類及物動詞）4 個，VK（狀態句賓動詞）2 個。

以普及化的詞類標記來看成語，可以下圖表示：

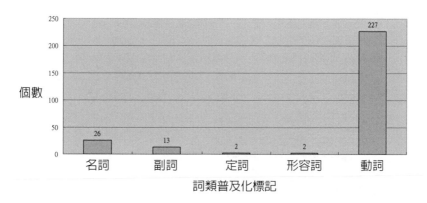

圖 3-2-1　以普及化標記統計康軒版成語的詞類分布圖

可以看出康軒版國語教材中成語的普及化詞類個數為：名詞 26 個，副詞 13 個，定詞 2 個，形容詞 2 個，動詞 227 個，其中動詞占 84%，為成語中比例最高的詞類，詳細情形如下表所示：

表 3-2-2　成語普及化詞類一覽表

普及化詞類	成語一覽
名詞	千辛萬苦、山光水色、左鄰右舍、生離死別、先見之明、至理名言、抑揚頓挫、奇花異草、青山綠水、後顧之憂、珍禽異獸、患難之交、喜怒哀樂、悲歡離合、湖光山色、無名英雄、達官貴人、酸甜苦辣、燃眉之急、舉手之勞、識途老馬、難兄難弟、大街小巷、字裡行間、魚米之鄉、四面八方

副詞	一五一十、三三兩兩、不知不覺、不約而同、日以繼夜、夜以繼日、迫不及待、無時無刻、無緣無故、躡手躡腳、千辛萬苦、顧名思義、接二連三
定詞	成千上萬、千千萬萬
形容詞	各式各樣、突如其來
動詞	東張西望、爭先恐後、金蟬脫殼、度日如年、眉開眼笑、借題發揮、茹毛飲血、逃之夭夭、追根究底、高談闊論、偷工減料、捲土重來、異想天開、無理取鬧、絞盡腦汁、順手牽羊、萬馬奔騰、落荒而逃、夢寐以求、摩拳擦掌、談天說地、錦上添花、臨機應變、點石成金、翻山越嶺、離鄉背井、離群索居、鷸蚌相爭、靈機一動、自言自語、喃喃自語、一目了然、一望無際、一清二楚、一鳴驚人、一模一樣、人山人海、千變萬化、口若懸河、小心翼翼、不亦樂乎、不屈不撓、不明不白、不知所云、不疾不徐、不假思索、不偏不倚、不勝枚舉、五花八門、五彩繽紛、分工合作、化險為夷、天花亂墜、天真爛漫、心灰意冷、心花怒放、心想事成、心滿意足、日新月異、半途而廢、古色古香、四通八達、平鋪直敘、打退堂鼓、生生不息、生龍活虎、目不暇給、全力以赴、同心協力、同甘共苦、名不虛傳、合情合理、多災多難、如獲至寶、守株待兔、成群結隊、扣人心弦、有始有終、有板有眼、有氣無力、有條有理、百感交集、耳目一新、自由自在、自怨自艾、自給自足、似是而非、似曾相識、克紹箕裘、別出心裁、形形色色、形單影隻、志同道合、足智多謀、身歷其境、並駕齊驅、事半功倍、依依不捨、兩全其美、固若金湯、夜深人靜、奇形怪狀、於事無補、易如反掌、東倒西歪、欣欣向榮、狐假虎威、表裡如一、金碧輝煌、雨過天青、信以為真、冠蓋雲集、怨聲載道、恍然大悟、按部就班、持之以恆、津津有味、相依為命、突飛猛進、約定俗成、美不勝收、美輪美奐、若無其事、重重疊疊、面面相覷、家喻戶曉、容光煥發、息息相關、栩栩如生、氣定神閒、氣喘如牛、浩浩蕩蕩、真相大白、神色自若、神采奕奕、神機妙算、針鋒相對、馬到成功、參差不齊、得心應手、從容不迫、患難與共、理直氣壯、眾目睽睽、眾叛親離、莫名其妙、鳥語花香、喋喋不休、悶悶不樂、晴空萬里、無地自容、無拘無束、無精打采、無影無蹤、無邊無際、畫蛇添足、絡繹不絕、黑白分明、意猶未盡、慌慌張張、楚楚可憐、源源不絕、溫文儒雅、滔滔不絕、煞有其事、當之無愧、詩情畫意、兢兢業業、

	慘不忍睹、截然不同、旗鼓相當、漫不經心、漫無目的、熙熙攘攘、精雕細琢、綠草如茵、與世長辭、輕而易舉、層層疊疊、憂心忡忡、撥雲見日、糊里糊塗、談虎色變、適者生存、噤若寒蟬、歷歷在目、獨一無二、興致勃勃、興高采烈、膽小如鼠、膽戰心驚、膾炙人口、鍥而不捨、雞飛狗跳、懵懵懂懂、難分難解、顛撲不破、纏綿悱惻、鐵面無私、聽天由命、鑼鼓喧天、大開眼界、接二連三、半信半疑、耳熟能詳、相應不理、習以為常、念念不忘、意想不到、冷嘲熱諷、刮目相看、讚不絕口

第三節　小結

　　根據本章節的研究可以發現，康軒版國語教材的成語編排方式是隨著年段的升高而增加成語數量。成語帶有較濃厚的書面語色彩，較不適合過於頻繁的出現於仍處學習口語階段的低年段。因此，我認為康軒版國語教材在成語數量的安排方面，由少而多，符合學習者的學習歷程。但重複出現的成語比例不高，學生在學習時較難反覆練習，不易熟練運用。

　　每一課出現的成語數量略嫌不足，一篇課文的平均字數約為350 至 500 字，康軒版的十二冊國語教材共 160 篇課文裡，只出現1 至 2 個成語甚至一個成語也沒有的課數高達 122 課，佔了 76%這樣非常高的比例。也就是說，每四課中就有 3 課是只出現一兩個成語甚至是沒有成語的文章，即使把較不適宜放進成語的低年段扣除，成語數量偏少的的課數依舊高達 66%超過半數許多。也只有六下也就是第十二中冊每一課都融入了成語，就這樣看來，康軒版國語教材中成語的數量並不是非常充足，對於成語的安排也不太平

均。我認為在高年段也就是第九冊至第十二冊，應該在每一課都適時的安排成語，利用成語點綴文章，透過頻繁的接觸讓學生更加認識成語。其中值得注意的是三上的第十三課，剛進入中年段的第五冊竟然一口氣在同一篇課文中出現了九個成語，原因在本課〈成語動物園〉是一篇相聲劇劇本，課文中成語多在甲乙兩方的妙問妙答中以單獨成句的形式出現，但其中的一段課文：

> 從前，從前，白馬王子為了救公主，便騎著一匹「識途老馬」出發。他「一馬當先」，打敗魔王，終於「馬到成功」，救了公主！從此……（摘自康軒版第五冊國語，89）

短短 50 個字中竟出現了 3 個成語。雖然這樣頻繁出現且類似冷笑話的用法頗有博君一笑的作用，卻讓人覺得過於浮濫，失去了成語的美感。我認為這樣的段落不適合給剛脫離低年段中文能力尚未成熟的三年級學生作為他們模仿學習的文章。

還有我也發現，相同的成語通常出現在統整活動中。「統整活動」為康軒版國語教材，在每個單元結束後，用來總括該單元學習內容與介紹語文常識的章節，內容包括辨認形似字、辨認音近字屬於國字形音比較的部分；還有介紹文類、句型、修辭、寫作技巧、閱讀策略、六書等部分。直接在標題點出成語的文章，首次出現在第九冊的統整活動一標題為「認識成語」，然後在第十冊的統整活動一標題為「成語的運用」出現後，就再也沒有較正式介紹成語的文章。建議教學者在其他年段應適時、適量補充成語知識。

從平衡語料庫的分析結果來看，除了發現康軒版國語教材中成語的詞類幾乎屬單一詞類外，動詞更是成語中比例最高的詞類。我

也認為康軒版編排在國語教材中的成語不被平衡語料庫收錄的條數比例稍高，應作適當增刪使其更符合現代的漢語用法。

第四章　成語的語法

第一節　成語的語法特徵

　　本節是我將朱德熙（1982）《語法講義》和劉月華、潘文娛、故韡（2001）《實用現代漢語語法》兩書中對語法的定義，整理歸納後分為內部結構與語法功能兩部分來看待成語的語法特徵。

一、成語的內部結構類型

　　語素[1]和語素合成詞，詞和詞組合為詞組。最簡單的詞組是由兩個詞組成的。例如：「老／房子」、「說／清楚」。詞組可以自己獨立成句，如：「我贊成」。也可以是句子的一部分，如：「他知道我贊成」中的「我贊成」。根據詞組內部組成成分之間的語法關係，我們可以把詞組分為：主謂結構、述賓結構、述補結構、偏正結構、連謂結構、聯合結構與兼語結構。

（一）主謂結構

　　由主語和謂語兩部分組成。主語是陳述的對象，就是說話的人要說到的話題；謂語是對於主語的陳述，及說明主語怎麼樣或是什

---

[1]　語素是語法系統裡的基本符號，可以定義為：最小有意義的語言成分。

麼。也可以說二者是話題和陳述的關係。例如：「今天星期一」、「論文寫完了」。

（二）述賓結構

述賓結構的前一部分是述語，後一部分是賓語。述語表示動作、行為或一種狀態的變化，賓語表示跟這種動作或行為有聯繫的事物。例如：「寫功課」、「當老師」。

（三）述補結構

述補結構中的前一項表示動作行為或性質狀態，後一項主要說明動作狀態的結果，稱為補語。例如：「擦乾淨」、「看得見」。

（四）偏正結構

偏正結構的前一項（稱修飾語），修飾、描寫或限制後面一項（稱中心語）。中心語為名詞時，其修飾語稱為定語；而中心語為動詞或形容詞時，其修飾語稱為狀語。例如：「一條褲子」、「三本書」。

（五）連謂結構

連謂結構是動詞或動詞性結構（述賓、述補等）連用的格式。前後兩個動詞結構有下列四種關係：表示先後發生；前一個動詞結

構表示方式；前一個動詞結構表示原因或假設；後一個動詞結構表示目的。例如：「站著看」、「閉著眼睛想」（述賓＋動詞）。

（六）聯合結構

聯合結構是幾個地位平等的成分並列在一起。有時中間的項目會用虛詞連接。例如：「油、鹽、醬、醋」、「太陽、月亮和星星」。

（七）兼語結構

兼語關係是由一個述賓結構和一個主謂結構套在一起構成的，述賓結構的賓語兼作後一個主謂結構的主語。例如：「你請他來」、「你們選誰當班長」中的「他」和「誰」叫做兼語。

依據溫端政（2005）的看法，成語從內部結構的角度來看，可分類並舉例如下：

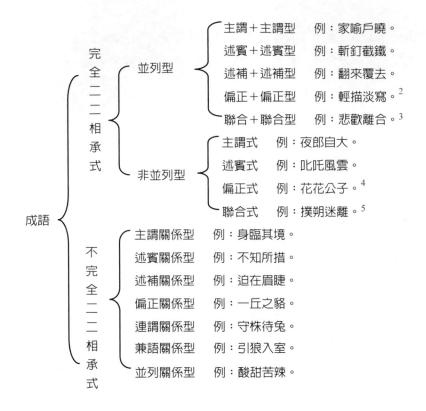

圖 4-1-1　成語的內部結構類型圖

　　接著進一步補充說明上述分類法：

　　「二二相承」有兩個含義：第一，不論內部結構還是語音結構都採取「二二相承」式，為完全意義上的「二二相承」式，稱為完

2　「輕描淡寫」屬於偏正＋偏正的「輕（狀語）描（中心語）＋淡（狀語）寫（中心語）」型。

3　「悲歡離合」，「悲歡」、「離合」先組成聯合式，再組合成聯合＋聯合型。

4　「花花公子」屬於偏正式的「花花（定語）公子（中心語）」。

5　「撲朔迷離」，「撲朔」、「迷離」兩個部分都是連綿詞。

全二二相承式；第二，內部結構雖然不是「二二相承」，但語音結構或習慣讀音仍是「二二相承」為不完全意義上的「二二相承」式，稱為不完全二二相承式。

（一）完全二二相承式

根據內部結構可分為並列型和非並列型兩類：

1. 並列型的完全二二相承式，是最典型的二二相承式。又可分為：

   (1) 主謂＋主謂型：並列的兩個部分都是主謂結構。

   (2) 述賓＋述賓型：並列的兩個部分都是述賓結構。

   (3) 述補＋述補型：並列的兩個部分都是述補結構。

   (4) 偏正＋偏正型：並列的兩個部分都是偏正結構。

   (5) 聯合＋聯合型：並列的兩個部分都是聯合結構。

2. 非並列型的完全二二相承式，可以根據內部關係分為：

   (1) 主謂式，就是前後兩個部分構成主謂結構。

   (2) 述賓式，就是前後兩個部分構成述賓結構。

   (3) 偏正式，就是前後兩個部分構成偏正結構。

   (4) 聯合式，就是前後兩個部分構成聯合結構。

（二）不完全二二相承式

從內部結構來看，可分為下列幾種類型：

1. 主謂關係型：例如：「身臨其境」裡，主語「身」，謂語「臨其境」是述賓詞組，「其」是「境」的定語。

2. 述賓關係型：例如：「不知所措」裡，述語「不知」是「狀語中心語」組合，賓語「措」前加助詞「所」。

3. 述補關係型：例如：「迫在眉睫」裡，述語「迫」是形容詞，補語「在眉睫」是介詞結構。

4. 偏正關係型：例如：「一丘之貉」是定語中心語組合，其中的「一丘」也是定語中心語組合。

5. 連謂關係型：例如：「守株待兔」是由兩個述賓結構組成，「待兔」是「守株」的目的。

6. 兼語關係型：例如：「引狼入室」述賓結構「引狼」，其中「狼」為賓語，兼當主謂結構「入室」的主語。

7. 並列關係型：指的是四個語素構成完全的並列關係。和完全二二相承式中聯合＋聯合型不同，如「悲歡離合」有兩個層次，「悲歡」、「離合」先組成聯合式，再組合成聯合＋聯合型成語。而不完全二二相承式中的並列關係型成語，只有一個層次，四個語素處在同一個位階上。例如：酸甜苦辣，由「酸」、「甜」、「苦」、「辣」四種味覺並列而成。

二、成語的語法功能類型

成語在結構上，有的相當於句子，有的相當於詞組。在句子中有時可以單獨成句，有時可充當複句裡的分句，但大多是作為句子中的某種成分，在句子中，各個詞或短語的功用是不同的。倘若將句子的成分（即詞或短語）按照地位、作用來劃分，可以分為六種：主語、謂語、賓語、定語、狀語、補語。

　　主語部分是句子陳述的對象，謂語部分是對主語的陳述，任何雙部句都可以分為主語和謂語兩部分。在謂語部分中，起主要作用的詞或短語是謂語部分的核心，叫謂語。在動詞謂語句的謂語部分中，表示動作所涉及的對象的名詞性詞語叫賓語。例如：「我看書」這個句子，「我」是主語「寫」是謂語，「字」是「寫」的賓語。

　　謂語動詞與謂語形容詞後的補充說明成分是補語，補語多由謂詞性的詞語充任。數量短語也可充任補語。例如：「他寫得很好」、「這顆蘋果紅極了」與「我去了兩次」中的「很好」、「極」、「兩次」是補語。

　　謂語前起修飾作用的成分叫狀語。例如：「分組座談整整進行了一天」中，「整整」是狀語。有時狀語會位在主語的前面，如：「前天我們聽了一場演唱會」中「前天」是狀語。

　　主語部分如果是一個偏正關係的名詞短語，其修飾語稱為定語。例如：「他爸爸是教授」中，「他」是定語。賓語前的修飾語也是定語，例如：「校長對新進教師表示熱烈的歡迎」中「熱烈」是定語。

　　漢語的這六種成分不是處於同一個層次上的。主語部分是對謂語部分而言；賓語是對謂語動詞而言；補語是對謂語動詞或謂語形容詞而言；狀語有時修飾其後的整個謂語部分，有時只修飾謂語；定語是修飾主語和賓語的。

　　因此，成語的語法功能可分為單獨成句、分句及詞組，而作為詞組充當句子成分可再按照地位及作用細分作主語、謂語、賓語、定語、狀語、補語，另外再加上同位語，分別敘述如下：

（一）單獨成句

例如：人定勝天！做，就對了。其中「人定勝天」就屬單獨成句。

（二）相當於一個分句且充當複句的組成部分

例如：孝順父母要即時，否則後悔莫及。其中「後悔莫及」就充當結果複句的後句。

（三）相當於詞組且充當句子的某種成分

1. 作主語：一個句子通常可以分為主語與謂語兩個部分。主語部分是敘述、說明、描寫的對象，主語部分的核心是主語。在漢語中，幾乎所有的實詞都可以充當主語。例如：青山綠水總是令人嚮往。其中「青山綠水」就作主語。

2. 作謂語：一個句子通常可以分為主語與謂語兩個部分。謂語部分是對主語的敘述、說明和描寫，謂語部分的核心是謂語。漢語句子的謂語主要由動詞（短語）、形容詞（短語）充任，名詞（短語）、主謂短語也可以充任謂語。例如：賓客絡繹不絕。其中「絡繹不絕」就作謂語。

3. 作賓語：賓語表示動作行為涉及的事物，可使動詞所表示的動作行為更具體明確，可以說賓語是動詞的連帶成分。賓語直接與動詞結合，中間沒有任何虛詞。例如：他種植了許多奇花異草。其中「奇花異草」就作賓語。

4. 作定語：定語是可以從各方面修飾其中心語的修飾語，其語
   法意義基本上可以分為兩大類：限制性的與描寫性的。在短
   語中，它主要是用來修飾名詞。當形容詞和動詞作主語、賓
   語時，其修飾語也可能是定語。例如：做人不能有那種不勞
   而獲的心態。其中「不勞而獲」就作定語。

5. 作狀語：在短語中，狀語是用來修飾動詞和形容詞的。在句
   子中，狀語是謂語部分中的修飾成分，動詞謂語句、形容詞
   謂語句、主謂謂語句以及名詞謂語句的謂語部分都可以包含
   狀語。從結構上來看，狀語在句子中一般是修飾其後的語言
   成分的。根據狀語的功能，可以分為描寫性狀語與非描寫性
   狀語兩大類。例如：我們走著走著，不知不覺的已經到了學
   校。其中「不知不覺」就作狀語。

6. 作補語：典型的補語是位於動詞或形容詞後的謂詞性成分，
   按意義和結構特點可分為結果補語、趨向補語、情態補語、
   可能補語、程度補語、數量補語、介詞短語補語七種。它主
   要是對動作所涉及的人或事物加以說明表述，因而除數量補
   語外，大多是非名詞性的。例如：毒奶事件在臺灣已經傳得
   家喻戶曉。其中「家喻戶曉」就作補語。

7. 作同位語：由兩個或兩個以上同一層次的語言單位組成的結
   構，倘若前項與後項所指相同，句法功能也相同，則稱後項
   是前項的同位語。例如：喜怒哀樂四個字常常是連用的。其
   中「喜怒哀樂」就作同位語。

前六種成分不是處於同一層次上的。主語部分是對謂語部分而
言；賓語是對謂語動詞而言；補語是對謂語動詞或謂語形容詞而

言；狀語有時修飾它後面的整個謂語部分，有時只修飾謂語；定語是修飾主語和賓語的。

第二節　內部結構分析

　　康軒版國語教材中成語的語法結構如下表所示：

表 4-2-1　成語內部結構分析表

語法結構		完全二二相承式								不完全二二相承式						
		並列型					非並列型									
編號	成語	主謂+主謂型	述賓+述賓型	述補+述補型	偏正+偏正型	聯合+聯合型	主謂式	述賓式	偏正式	聯合式	主謂關係型	述賓關係型	述補關係型	偏正關係型	連謂關係型	兼語關係型	並列關係型
1	一五一十				*												
2	一目了然													*			
3	一馬當先						*										
4	一望無際													*			
5	一清二楚				*												
6	一路順風						*										
7	一鳴驚人							*									
8	一模一樣				*												
9	七嘴八舌				*												
10	二話不說						*										
11	人山人海				*												
12	人云亦云	*															

編號	成語	完全二二相承式 並列型 主謂＋主謂型	述賓＋述賓型	述補＋述補型	偏正＋偏正型	聯合＋聯合型	非並列型 主謂式	述賓式	偏正式	聯合式	不完全二二相承式 主謂關係型	述賓關係型	述補關係型	偏正關係型	連謂關係型	兼語關係型	並列關係型
13	力透紙背										*						
14	三三兩兩									*							
15	三年五載				*												
16	千千萬萬									*							
17	千辛萬苦				*												
18	千變萬化				*												
19	口若懸河										*						
20	大吉大利				*												
21	大街小巷				*												
22	大開眼界											*					
23	大禍臨頭										*						
24	小心翼翼												*				
25	山光水色	*															
26	不亦樂乎													*			
27	不屈不撓				*												
28	不明不白				*												
29	不知不覺				*												
30	不知所云															*	
31	不約而同													*			
32	不疾不徐				*												
33	不假思索													*			
34	不偏不倚				*												
35	不勝枚舉													*			
36	五花八門				*												
37	五彩繽紛						*										

| 語法結構 | 完全二二相承式 | | | | | | | | | 不完全二二相承式 | | | | | | |
| | 並列型 | | | | | 非並列型 | | | | | | | | | | |
編號 成語	主謂+主謂型	述賓+述賓型	述補+述補型	偏正+偏正型	聯合+聯合型	主謂式	述賓式	偏正式	聯合式	主謂關係型	述賓關係型	述補關係型	偏正關係型	連謂關係型	兼語關係型	並列關係型
38 分工合作														*		
39 切磋琢磨									*							
40 化險為夷							*									
41 天花亂墜										*						
42 天真爛漫									*							
43 引而不發														*		
44 引吭高歌														*		
45 心存芥蒂										*						
46 心灰意冷	*															
47 心花怒放						*										
48 心想事成														*		
49 心滿意足	*															
50 手舞足蹈	*															
51 日以繼夜										*						
52 日新月異	*															
53 出奇制勝														*		
54 半信半疑				*												
55 半途而廢													*			
56 古色古香				*												
57 四面八方				*												
58 四海一家				*												
59 四通八達				*												
60 左鄰右舍				*												
61 平鋪直敘				*												
62 打草驚蛇														*		

| 編號 | 成語 | 完全二二相承式 | | | | | | | | | 不完全二二相承式 | | | | | | |
| | | 並列型 | | | | | 非並列型 | | | | | | | | | | |
		主謂+主謂型	述賓+述賓型	述補+述補型	偏正+偏正型	聯合+聯合型	主謂式	述賓式	偏正式	聯合式	主謂關係型	述賓關係型	述補關係型	偏正關係型	連謂關係型	兼語關係型	並列關係型
63	打退堂鼓											*					
64	永無止境										*						
65	生生不息													*			
66	生龍活虎				*												
67	生離死別	*															
68	目不暇給										*						
69	先見之明													*			
70	全力以赴													*			
71	刎頸之交											*					
72	同心協力				*												
73	同甘共苦		*														
74	各式各樣				*												
75	各就各位							*									
76	名山大川				*												
77	名不虛傳										*						
78	合情合理		*														
79	回味無窮												*				
80	多災多難				*												
81	如獲至寶											*					
82	字裡行間	*															
83	守株待兔															*	
84	成千上萬				*												
85	成群結隊		*														
86	成雙成對		*														
87	扣人心弦											*					

| 語法結構 | | 完全二二相承式 | | | | | | | | | 不完全二二相承式 | | | | | | |
| 編號 | 成語 | 並列型 | | | | | 非並列型 | | | | | | | | | | |
		主謂+主謂型	述賓+述賓型	述補+述補型	偏正+偏正型	聯合+聯合型	主謂式	述賓式	偏正式	聯合式	主謂關係型	述賓關係型	述補關係型	偏正關係型	連謂關係型	兼語關係型	並列關係型
88	有始有終		*														
89	有板有眼		*														
90	有氣無力		*														
91	有條有理		*														
92	有福同享															*	
93	有難同當															*	
94	百感交集										*						
95	老弱殘兵													*			
96	耳目一新						*										
97	耳熟能詳															*	
98	自由自在									*							
99	自言自語	*															
100	自怨自艾	*															
101	自給自足	*															
102	至理名言				*												
103	姹紫嫣紅				*												
104	似是而非									*							
105	似曾相識													*			
106	克紹箕裘											*					
107	兵來將擋	*															
108	冷嘲熱諷				*												
109	別出心裁													*			
110	判若兩人											*					
111	吞吞吐吐									*							
112	妙趣橫生						*										

語法結構		完全二二相承式								不完全二二相承式						
		並列型					非並列型									
編號	成語	主謂+主謂型	述賓+述賓型	述補+述補型	偏正+偏正型	聯合+聯合型	主謂式	述賓式	偏正式	聯合式	主謂關係型	述賓關係型	述補關係型	偏正關係型	連謂關係型	兼語關係型	並列關係型
113	形形色色									＊							
114	形單影隻	＊															
115	志同道合	＊															
116	志在四方										＊						
117	投桃報李		＊														
118	抑揚頓挫					＊											
119	沈魚落雁	＊															
120	言之有物										＊						
121	言之有理										＊						
122	足智多謀				＊												
123	身歷其境										＊						
124	並駕齊驅				＊												
125	事半功倍	＊															
126	依依不捨													＊			
127	兩全其美													＊			
128	刮目相看														＊		
129	受用無窮												＊				
130	呱呱墜地													＊			
131	固若金湯												＊				
132	夜以繼日										＊						
133	夜深人靜	＊															
134	奇形怪狀				＊												
135	奇花異草				＊												
136	念念不忘													＊			
137	招財進寶		＊														

語法結構		完全二二相承式									不完全二二相承式						
		並列型					非並列型										
編號	成語	主謂+主謂型	述賓+述賓型	述補+述補型	偏正+偏正型	聯合+聯合型	主謂式	述賓式	偏正式	聯合式	主謂關係型	述賓關係型	述補關係型	偏正關係型	連謂關係型	兼語關係型	並列關係型
138	拍案叫絕														*		
139	於事無補													*			
140	易如反掌													*			
141	東倒西歪				*												
142	東張西望				*												
143	欣欣向榮													*			
144	爭先恐後		*														
145	狐假虎威										*						
146	表裡如一						*										
147	金碧輝煌									*							
148	金蟬脫殼						*										
149	雨過天青												*				
150	青山綠水				*												
151	亭臺樓閣									*							
152	信以為真													*			
153	冠蓋雲集								*								
154	威震天下												*				
155	度日如年												*				
156	後顧之憂													*			
157	怨聲載道						*										
158	恍然大悟								*								
159	按部就班		*														
160	持之以恆							*									
161	拾金不昧															*	
162	津津有味													*			

語法結構		完全二二相承式									不完全二二相承式						
		並列型					非並列型										
編號	成語	主謂+主謂型	述賓+述賓型	述補+述補型	偏正+偏正型	聯合+聯合型	主謂式	述賓式	偏正式	聯合式	主謂關係型	述賓關係型	述補關係型	偏正關係型	連謂關係型	兼語關係型	並列關係型
163	珍禽異獸				*												
164	相依為命														*		
165	相應不理														*		
166	眉開眼笑	*															
167	突如其來													*			
168	突飛猛進				*												
169	約定俗成						*										
170	美不勝收												*				
171	美輪美奐				*												
172	若無其事												*				
173	迫不及待												*				
174	重重疊疊									*							
175	面面相覷													*			
176	借題發揮														*		
177	家喻戶曉	*															
178	容光煥發						*										
179	息息相關													*			
180	栩栩如生													*			
181	氣定神閒	*															
182	氣喘吁吁												*				
183	氣喘如牛												*				
184	氣勢磅礡						*										
185	浩浩蕩蕩									*							
186	真相大白						*										
187	神色自若						*										

語法結構 編號	成語	完全二二相承式 並列型 主謂+主謂型	述賓+述賓型	述補+述補型	偏正+偏正型	聯合+聯合型	非並列型 主謂式	述賓式	偏正式	聯合式	不完全二二相承式 主謂關係型	述賓關係型	述補關係型	偏正關係型	連謂關係型	兼語關係型	並列關係型
188	神采奕奕						*										
189	神態自若						*										
190	神機妙算														*		
191	茹毛飲血		*														
192	逃之夭夭													*			
193	追根究底		*														
194	針鋒相對						*										
195	馬到成功														*		
196	高談闊論				*												
197	偷工減料		*														
198	參差不齊													*			
199	密不透風													*			
200	得心應手	*															
201	從容不迫													*			
202	患難之交								*								
203	患難與共														*		
204	悠閒自在									*							
205	悠閒自得									*							
206	情景交融						*										
207	捲土重來														*		
208	接二連三		*														
209	捨己救人														*		
210	理直氣壯	*															
211	異想天開														*		
212	眾目睽睽						*										

| 語法結構 | | 完全二二相承式 | | | | | | | | | 不完全二二相承式 | | | | | | |
| | | 並列型 | | | | | 非並列型 | | | | | | | | | | |
編號	成語	主謂+主謂型	述賓+述賓型	述補+述補型	偏正+偏正型	聯合+聯合型	主謂式	述賓式	偏正式	聯合式	主謂關係型	述賓關係型	述補關係型	偏正關係型	連謂關係型	兼語關係型	並列關係型
213	眾叛親離	*															
214	習以為常												*				
215	莫名其妙													*			
216	貪生怕死		*														
217	趾高氣昂												*				
218	魚米之鄉								*								
219	鳥語花香	*															
220	喜怒哀樂																*
221	喋喋不休													*			
222	喃喃自語													*			
223	悲歡離合				*												
224	悶悶不樂													*			
225	晴空萬里						*										
226	湖光山色	*															
227	無名英雄								*								
228	無地自容													*			
229	無拘無束				*												
230	無時無刻				*												
231	無理取鬧													*			
232	無精打采		*														
233	無影無蹤				*												
234	無緣無故				*												
235	無邊無際				*												
236	畫蛇添足														*		
237	絞盡腦汁												*				

語法結構 編號	成語	完全二二相承式 並列型 主謂+主謂型	述賓+述賓型	述補+述補型	偏正+偏正型	聯合+聯合型	非並列型 主謂式	述賓式	偏正式	聯合式	不完全二二相承式 主謂關係型	述賓關係型	述補關係型	偏正關係型	連謂關係型	兼語關係型	並列關係型
238	絡繹不絕													*			
239	跋山涉水		*														
240	雲消霧散	*															
241	順手牽羊													*			
242	順流而下													*			
243	飲酒作樂														*		
244	黑白分明										*						
245	填街塞巷		*														
246	意猶未盡												*				
247	意想不到												*				
248	慌慌張張									*							
249	楚楚可憐													*			
250	源源不絕													*			
251	溫文儒雅									*							
252	滔滔不絕													*			
253	煞有其事												*				
254	當之無愧												*				
255	萬馬奔騰										*						
256	落荒而逃													*			
257	蜂擁而來													*			
258	詩情畫意			*													
259	詩詞歌賦				*												
260	達官貴人			*													
261	過目不忘							*									
262	兢兢業業									*							

| 語法結構 | | 完全二二相承式 | | | | | | | | | 不完全二二相承式 | | | | | | |
| | | 並列型 | | | | | 非並列型 | | | | | | | | | | |
編號	成語	主謂+主謂型	述賓+述賓型	述補+述補型	偏正+偏正型	聯合+聯合型	主謂式	述賓式	偏正式	聯合式	主謂關係型	述賓關係型	述補關係型	偏正關係型	連謂關係型	兼語關係型	並列關係型
263	夢寐以求													＊			
264	慘不忍睹												＊				
265	截然不同						＊										
266	旗鼓相當						＊										
267	漫不經心												＊				
268	漫無目的							＊									
269	熙熙攘攘									＊							
270	管鮑之交								＊								
271	精雕細琢				＊												
272	綠草如茵						＊										
273	綿綿不斷													＊			
274	聚沙成塔															＊	
275	與世長辭													＊			
276	輕而易舉												＊				
277	酸甜苦辣																＊
278	齊心協力		＊														
279	層層疊疊									＊							
280	彈盡糧絕	＊															
281	憂心忡忡													＊			
282	摩拳擦掌		＊														
283	撥雲見日														＊		
284	熱情洋溢						＊										
285	糊里糊塗									＊							
286	談天說地		＊														
289	噤若寒蟬												＊				

編號	成語	主謂+主謂型	述賓+述賓型	述補+述補型	偏正+偏正型	聯合+聯合型	主謂式	述賓式	偏正式	聯合式	主謂關係型	述賓關係型	述補關係型	偏正關係型	連謂關係型	兼語關係型	並列關係型
		完全二二相承式									不完全二二相承式						
		並列型					非並列型										
290	歷歷在目													*			
291	燃眉之急								*								
292	獨一無二				*												
293	興致勃勃						*										
294	興高采烈	*															
295	錦上添花						*										
296	隨時隨地				*												
297	膽小如鼠										*						
298	膽戰心驚	*															
299	膾炙人口								*								
300	臨機應變															*	
301	舉手之勞													*			
302	舉世無雙													*			
303	鍥而不捨												*				
304	點石成金															*	
305	翻山越嶺		*														
306	離鄉背井		*														
307	離群索居		*														
308	雞飛狗跳	*															
309	懵懵懂懂									*							
310	識途老馬								*								
311	難分難解			*													
312	難兄難弟			*													
313	顛撲不破						*										
314	纏綿悱惻								*								

| 語法結構 | | 完全二二相承式 | | | | | | | | | 不完全二二相承式 | | | | | | |
| | | 並列型 | | | | | 非並列型 | | | | | | | | | | |
編號	成語	主謂+主謂型	述賓+述賓型	述補+述補型	偏正+偏正型	聯合+聯合型	主謂式	述賓式	偏正式	聯合式	主謂關係型	述賓關係型	述補關係型	偏正關係型	連謂關係型	兼語關係型	並列關係型
315	鐵面無私									*							
316	顧名思義		*														
317	聽天由命		*														
318	鷸蚌相爭				*												
319	靈機一動									*							
320	躡手躡腳		*														
321	讚不絕口												*				
322	鑼鼓喧天				*												

　　根據上表的數據，可以進一步統計成語各結構類型的數量如下表，並加以說明：

表 4-2-2　成語內部結構各類型數量表

| 語法結構類型 | 完全二二相承式 | | | | | | | | | 不完全二二相承式 | | | | | | |
| | 並列型 | | | | | 非並列型 | | | | | | | | | | |
	主謂+主謂型	述賓+述賓型	述補+述補型	偏正+偏正型	聯合+聯合型	主謂式	述賓式	偏正式	聯合式	主謂關係型	述賓關係型	述補關係型	偏正關係型	連謂關係型	兼語關係型	並列關係型
小計 （個）	30	29	0	55	5	29	6	10	23	19	12	30	44	26	2	2
	119					68				135						
	187															
總計	322 個															

　　從上表可以發現，康軒版國語教材中的成語，從完全二二相承式和不完全二二相承式兩大方面看來，以完全二二相承式所佔的比例較高，約為 58%，其中並列型的成語佔大多數，比例約為 64%，而並列型中又以偏正+偏正型的數量接近半數為最多，比例約為 46%；主謂+主謂型的數量次之；述賓+述賓型第三，但主謂+主謂型和述賓+述賓型二者數量相當接近，比例都在 25%左右；聯合+聯合型的數量只有 5 個，佔 4%；述補+述補型的成語則一個也沒有，而非並列型的成語，以主謂式的數量最多約為 43%，聯合式次之約為 33%，接著是偏正式與述賓式分別約為 15%和 9%。另外，在不完全二二相承式方面，以偏正關係型所佔比例最高約為 33%；其次是述補關係型約為 22%；連謂關係型約為 20%；主謂關係型約為 14%；述賓關係型約為 9%；兼語關係型和並列關係型都約為 1%。

　　根據上表的數據，可以進一步統計成語各結構類型的數量如下表，並加以說明：

表 4-2-2　成語內部結構各類型數量表

語法結構類型	完全二二相承式									不完全二二相承式						
	並列型					非並列型				主謂關係型	述賓關係型	述補關係型	偏正關係型	連謂關係型	兼語關係型	並列關係型
	主謂+主謂型	述賓+述賓型	述補+述補型	偏正+偏正型	聯合+聯合型	主謂式	述賓式	偏正式	聯合式							
小計（個）	30	29	0	55	5	29	6	10	23	19	12	30	44	26	2	2
	119					68				135						
	187															
總計	322 個															

　　從上表可以發現，康軒版國語教材中的成語，從完全二二相承式和不完全二二相承式兩大方面看來，以完全二二相承式所佔的比例較高，約為 58%，其中並列型的成語佔大多數，比例約為 64%，而並列型中又以偏正＋偏正型的數量接近半數為最多，比例約為46%；主謂＋主謂型的數量次之；述賓＋述賓型第三，但主謂＋主謂型和述賓＋述賓型二者數量相當接近，比例都在 25%左右；聯合＋聯合型的數量只有 5 個，佔 4%；述補＋述補型的成語則一個也沒有，而非並列型的成語，以主謂式的數量最多約為 43%，聯合式次之約為 33%，接著是偏正式與述賓式分別約為 15%和 9%。另外，在不完全二二相承式方面，以偏正關係型所佔比例最高約為 33%；其次是述補關係型約為 22%；連謂關係型約為 20%；主謂關係型約為14%；述賓關係型約為 9%；兼語關係型和並列關係型都約為 1%。

　　接著以冊別的角度來看，每冊國語教材中所出現的成語內部結構可分別整理如下表：

表 4-2-3　第一冊國語教材中成語內部結構一覽表

第一冊				
結構類型		成語一覽	小計	總計
完全二二相承式	並列型 主謂＋主謂型		0	1
	述賓＋述賓型		0	
	述補＋述補型		0	
	偏正＋偏正型	大街小巷	1	
	聯合＋聯合型		0	
	非並列型 主謂式		0	
	述賓式		0	
	偏正式		0	
	聯合式		0	

		主謂關係型		0	
不完全二二相承式		述賓關係型		0	0
		述補關係型		0	
		偏正關係型		0	
		連謂關係型		0	
		兼語關係型		0	
		並列關係型		0	

　　由上表可知，康軒版第一冊國語教材中成語的內部結構為：

（一）完全二二相承式的成語有 1 個，為並列型中的偏正+偏正型。

（二）不完全二二相承式的成語 0 個。

表 4-2-4　第二冊國語教材中成語內部結構一覽表

第二冊					
結構類型			成語一覽	小計	總計
完全二二相承式	並列型	主謂+主謂型		0	0
		述賓+述賓型		0	
		述補+述補型		0	
		偏正+偏正型		0	
		聯合+聯合型		0	
	非並列型	主謂式		0	
		述賓式		0	
		偏正式		0	
		聯合式		0	
不完全二二相承式		主謂關係型		0	0
		述賓關係型		0	
		述補關係型		0	
		偏正關係型		0	
		連謂關係型		0	
		兼語關係型		0	
		並列關係型		0	

　　由上表可知，康軒版第二冊國語教材中成語的內部結構為：

（一）完全二二相承式的成語0個。

（二）不完全二二相承式的成語0個。

表 4-2-5　第三冊國語教材中成語內部結構一覽表

第三冊					
結構類型			成語一覽	小計	總計
完全二二相承式	並列型	主謂＋主謂型		0	2
		述賓＋述賓型	招財進寶	1	
		述補＋述補型		0	
		偏正＋偏正型	東倒西歪	1	
		聯合＋聯合型		0	
	非並列型	主謂式		0	
		述賓式		0	
		偏正式		0	
		聯合式		0	
不完全二二相承式		主謂關係型		0	1
		述賓關係型		0	
		述補關係型		0	
		偏正關係型		0	
		連謂關係型	心想事成	1	
		兼語關係型		0	
		並列關係型		0	

　　由上表可知，康軒版第三冊國語教材中成語的內部結構為：

（一）完全二二相承式的成語有2個，分別為並列型中的述賓+述賓型和偏正+偏正型。

（二）不完全二二相承式的成語有1個，為連謂關係型。

表 4-2-6　第四冊國語教材中成語內部結構一覽表

第四冊					
結構類型			成語一覽	小計	總計
完全二二相承式	並列型	主謂＋主謂型		0	5
		述賓＋述賓型		0	
		述補＋述補型		0	
		偏正＋偏正型	左鄰右舍、左鄰右舍、東張西望、青山綠水、難兄難弟	5	
		聯合＋聯合型		0	
	非並列型	主謂式		0	
		述賓式		0	
		偏正式		0	
		聯合式		0	
不完全二二相承式		主謂關係型		0	3
		述賓關係型		0	
		述補關係型	氣喘吁吁	1	
		偏正關係型	兩全其美	1	
		連謂關係型	分工合作	1	
		兼語關係型		0	
		並列關係型		0	

　　由上表可知，康軒版第四冊國語教材中成語的內部結構為：

（一）完全二二相承式的成語有 5 個，全部為並列型中的偏正＋偏正型。

（二）不完全二二相承式的成語有 3 個，分別為述補關係型、偏正關係型和連謂關係型。

表 4-2-7　第五冊國語教材中成語內部結構一覽表

第五冊					
結構類型			成語一覽	小計	總計
完全二二相承式	並列型	主謂＋主謂型	字裡行間、雞飛狗跳	2	20
		述賓＋述賓型	有始有終、有始有終、有氣無力	3	
		述補＋述補型		0	
		偏正＋偏正型	一五一十、不知不覺、不知不覺、古色古香、生龍活虎、生龍活虎	6	
		聯合＋聯合型		0	
	非並列型	主謂式	一馬當先、表裡如一	2	
		述賓式	持之以恆	1	
		偏正式	無名英雄、識途老馬、識途老馬	3	
		聯合式	三三兩兩、吞吞吐吐、慌慌張張	3	
不完全二二相承式		主謂關係型	身歷其境、膽小如鼠、膽小如鼠	3	11
		述賓關係型		0	
		述補關係型	氣喘如牛、參差不齊	2	
		偏正關係型		0	
		連謂關係型	打草驚蛇、守株待兔、守株待兔、馬到成功、馬到成功、談虎色變	6	
		兼語關係型		0	
		並列關係型		0	

　　由上表可知，康軒版第五冊國語教材中成語的內部結構為：

（一）完全二二相承式的成語有 20 個，其中以並列型的偏正＋偏正型最多有 6 個。

（二）不完全二二相承式的成語有 11 個，其中以連謂關係型最多有 6 個。

表 4-2-8　第六冊國語教材中成語內部結構一覽表

第六冊					
結構類型			成語一覽	小計	總計
完全二二相承式	並列型	主謂＋主謂型	山光水色、鳥語花香、雲消霧散	3	10
		述賓＋述賓型	投桃報李	1	
		述補＋述補型		0	
		偏正＋偏正型	一模一樣、人山人海、不偏不倚、四面八方、青山綠水	5	
		聯合＋聯合型		0	
	非並列型	主謂式		0	
		述賓式	過目不忘	1	
		偏正式		0	
		聯合式		0	
不完全二二相承式		主謂關係型		0	10
		述賓關係型	大開眼界	1	
		述補關係型	一目了然	1	
		偏正關係型	於事無補、栩栩如生、悶悶不樂、蜂擁而來、綿綿不斷	5	
		連謂關係型	拾金不昧、捨己救人	2	
		兼語關係型	點石成金	1	
		並列關係型		0	

　　由上表可知，康軒版第六冊國語教材中成語的內部結構為：

（一）完全二二相承式的成語有 10 個，其中以並列型中的偏正＋
　　　偏正型最多有 5 個。

（二）不完全二二相承式的成語有 10 個，其中以偏正關係型最多
　　　有 5 個。

表 4-2-9　第七冊國語教材中成語內部結構一覽表

第七冊				小計	總計
結構類型			成語一覽	小計	總計
完全二二相承式	並列型	主謂＋主謂型	理直氣壯、興高采烈、興高采烈、興高采烈	4	17
		述賓＋述賓型	接二連三	1	
		述補＋述補型		0	
		偏正＋偏正型	平鋪直敘、各式各樣、至理名言、奇形怪狀	4	
		聯合＋聯合型		0	
	非並列型	主謂式	晴空萬里	1	
		述賓式		0	
		偏正式		0	
		聯合式	自由自在、自由自在、形形色色、重重疊疊、重重疊疊、悠閒自在、層層疊疊	7	
不完全二二相承式		主謂關係型		0	10
		述賓關係型		0	
		述補關係型	從容不迫、趾高氣昂、意想不到、鍥而不捨	4	
		偏正關係型	不約而同、依依不捨、依依不捨、依依不捨、舉手之勞	5	
		連謂關係型	撥雲見日	1	
		兼語關係型		0	
		並列關係型		0	

　　由上表可知，康軒版第七冊國語教材中成語的內部結構為：

（一）完全二二相承式的成語有 17 個，其中以非並列型中的聯合式最多有 7 個。

（二）不完全二二相承式的成語有 10 個，其中以偏正關係型最多有 5 個。

表 4-2-10　第八冊國語教材中成語內部結構一覽表

第八冊					
結構類型			成語一覽	小計	總計
完全二二相承式	並列型	主謂＋主謂型	心滿意足、心滿意足、日新月異、志同道合、眉開眼笑、眉開眼笑、得心應手、眾叛親離	8	30
		述賓＋述賓型	成雙成對、有板有眼、茹毛飲血、接二連三、貪生怕死、摩拳擦掌、翻山越嶺、躡手躡腳	8	
		述補＋述補型		0	
		偏正＋偏正型	一清二楚、七嘴八舌、三年五載、千變萬化、大吉大利、平鋪直敘、多災多難、冷嘲熱諷、突飛猛進、無緣無故	10	
		聯合＋聯合型		0	
	非並列型	主謂式	五彩繽紛、怨聲載道、鑼鼓喧天	3	
		述賓式		0	
		偏正式		0	
		聯合式	浩浩蕩蕩	1	
不完全二二相承式	主謂關係型		永無止境	1	14
	述賓關係型		大開眼界、判若兩人、絞盡腦汁	3	
	述補關係型		小心翼翼、回味無窮、度日如年、迫不及待、當之無愧、鍥而不捨	6	
	偏正關係型		半途而廢、半途而廢、患難與共	3	
	連謂關係型		捲土重來	1	
	兼語關係型			0	
	並列關係型			0	

　　由上表可知，康軒版第八冊國語教材中成語的內部結構為：
（一）完全二二相承式的成語有 30 個，其中以並列型中的偏正＋偏正型最多有 10 個。

（二）不完全二二相承式的成語有 14 個，其中以述補關係型最多
　　　有 6 個。

表 4-2-11　第九冊國語教材中成語內部結構一覽表

第九冊					
結構類型			成語一覽	小計	總計
完全二二相承式	並列型	主謂＋主謂型	自給自足、形單影隻、夜深人靜、家喻戶曉、彈盡糧絕	5	35
		述賓＋述賓型	合情合理、成群結隊、無精打采、離群索居、聽天由命	5	
		述補＋述補型		0	
		偏正＋偏正型	千辛萬苦、不屈不撓、不明不白、半信半疑、四海一家、平鋪直敘、高談闊論、高談闊論、無時無刻、無邊無際、隨時隨地	11	
		聯合＋聯合型		0	
	非並列型	主謂式	約定俗成、容光煥發、神色自若、神色自若、神采奕奕、神態自若、針鋒相對、情景交融、適者生存	9	
		述賓式	顛撲不破	1	
		偏正式	恍然大悟、燃眉之急	2	
		聯合式	千千萬萬、千千萬萬	2	
不完全二二相承式		主謂關係型	力透紙背、大禍臨頭、天花亂墜、靈機一動、靈機一動	5	23
		述賓關係型	雨過天青	1	
		述補關係型	一目了然、意猶未盡、憂心忡忡、噤若寒蟬	4	
		偏正關係型	生生不息、生生不息、念念不忘、欣欣向榮、面面相覷、順流而下、順手牽羊、與世長辭	8	
		連謂關係型	出奇制勝、拍案叫絕、相應不理、相應不理、臨機應變	5	
		兼語關係型		0	
		並列關係型		0	

由上表可知，康軒版第九冊國語教材中成語的內部結構為：

（一）完全二二相承式的成語有 35 個，其中以並列型中的偏正＋偏正型最多有 11 個。

（二）不完全二二相承式的成語有 23 個，其中以偏正關係型最多有 8 個。

表 4-2-12　第十冊國語教材中成語內部結構一覽表

第十冊				
結構類型		成語一覽	小計	總計
完全二二相承式	並列型 主謂＋主謂型	手舞足蹈、生離死別、字裡行間、自言自語、兵來將擋、沈魚落雁、事半功倍、氣定神閒、得心應手、膽戰心驚	10	38
	述賓＋述賓型	追根究底、跋山涉水、填街塞巷、翻山越嶺	4	
	述補＋述補型		0	
	偏正＋偏正型	一清二楚、不知不覺、不疾不徐、高談闊論、無拘無束、無拘無束	6	
	聯合＋聯合型	抑揚頓挫、悲歡離合、詩詞歌賦	3	
	非並列型 主謂式	心花怒放、金蟬脫殼、熱情洋溢	3	
	述賓式	持之以恆	1	
	偏正式	恍然大悟、膾炙人口	2	
	聯合式	切磋琢磨、切磋琢磨、天真爛漫、自由字在、自由自在、似是而非、重重疊疊、糊里糊塗、纏綿悱惻	9	
不完全二二相承式	主謂關係型	口若懸河、天花亂墜、目不暇給、名不虛傳、言之有物、言之有理、黑白分明、萬馬奔騰、鐵面無私	9	40
	述賓關係型	扣人心弦、克紹箕裘、信以為真	3	
	述補關係型	一望無際、別出心裁、受用無窮、美不勝收、若無其事、逃之夭夭、習以為常煞有其事、漫不經心、讚不絕口	10	

	偏正關係型	不假思索、先見之明、老弱殘兵、似曾相識、似曾相識、依依不捨、呱呱墜地、神機妙算、喃喃自語、悶悶不樂、絡繹不絕、夢寐以求	12	
	連謂關係型	引吭高歌、相依為命、異想天開	3	
	兼語關係型	聚沙成塔、聚沙成塔	2	
	並列關係型	喜怒哀樂	1	

　　由上表可知，康軒版第十冊國語教材中成語的內部結構為：

（一）完全二二相承式的成語有 38 個，其中以並列型中的主謂+主謂型最多有 10 個。

（二）不完全二二相承式的成語有 40 個，其中以偏正關係型最多有 12 個。

表 4-2-13　第十一冊國語教材中成語內部結構一覽表

第十一冊				
結構類型		成語一覽	小計	總計
完全二二相承式	並列型 主謂+主謂型	人云亦云、心灰意冷、心滿意足、日新月異、湖光山色	5	47
	述賓+述賓型	有條有理、按部就班、離鄉背井	3	
	述補+述補型		0	
	偏正+偏正型	五花八門、四通八達、左鄰右舍、平鋪直敘、同心協力、成千上萬、姹紫嫣紅、足智多謀、並駕齊驅、奇花異草、珍禽異獸、無影無蹤、詩情畫意、達官貴人、精雕細琢、隨時隨地、難分難解	17	
	聯合+聯合型		0	
非並列型	主謂式	二話不說、五彩繽紛、耳目一新、妙趣橫生、氣勢磅礡、真相大白、截然不同、旗鼓相當、興致勃勃、興致勃勃、錦上添花、鷸蚌相爭	12	
	述賓式	化險為夷、各就各位、漫無目的	3	

		偏正式	冠蓋雲集、魚米之鄉、管鮑之交	3	
		聯合式	金碧輝煌、亭臺樓閣、溫文儒雅、熙熙攘攘	4	
不完全二二相承式		主謂關係型	心存芥蒂、百感交集、身歷其境、夜以繼日、狐假虎威、狐假虎威、狐假虎威、狐假虎威、狐假虎威、靈機一動	10	40
		述賓關係型	大開眼界、打退堂鼓、打退堂鼓、打退堂鼓、刎頸之交	5	
		述補關係型	易如反掌、意猶未盡、慘不忍睹、輕而易舉、輕而易舉、憂心忡忡	6	
		偏正關係型	不勝枚舉、全力以赴、津津有味、津津有味、息息相關、栩栩如生、莫名其妙、喋喋不休、無地自容、無理取鬧、楚楚可憐、滔滔不絕、滔滔不絕、落荒而逃、舉世無雙	15	
		連謂關係型	引而不發、借題發揮、畫蛇添足、臨機應變	4	
		兼語關係型		0	
		並列關係型		0	

由上表可知，康軒版第十一冊國語教材中成語的內部結構為：
（一）完全二二相承式的成語有 47 個，其中以並列型中的偏正+偏正型最多有 17 個。
（二）不完全二二相承式的成語有 40 個，其中以偏正關係型最多有 15 個。

表 4-2-14　第十二冊國語教材中成語內部結構一覽表

第十二冊				
結構類型		成語一覽	小計	總計
完全三相承式	並列型 主謂＋主謂型	自怨自艾	1	24
	述賓＋述賓型	同甘共苦、爭先恐後、偷工減料、齊心協力、談天說地、顧名思義	6	
	述補＋述補型		0	
	偏正＋偏正型	一模一樣、千辛萬苦、同心協力、同心協力、名山大川、美輪美奐、獨一無二	7	
	聯合＋聯合型		0	
	非並列型 主謂式	一路順風、眾目睽睽、綠草如茵	3	
	述賓式	一鳴驚人	1	
	偏正式	患難之交	1	
	聯合式	形形色色、悠閒自得、兢兢業業、糊里糊塗、懵懵懂懂	5	
不完全三相承式	主謂關係型	日以繼夜、志在四方	2	27
	述賓關係型	如獲至寶、威震天下	2	
	述補關係型	固若金湯、密不透風、意猶未盡、意猶未盡、鍥而不捨、讚不絕口	6	
	偏正關係型	不亦樂乎、依依不捨、依依不捨、源源不絕、源源不絕、歷歷在目	6	
	連謂關係型	不知所云、有福同享、有難同當、耳熟能詳、耳熟能詳、刮目相看、拍案叫絕、後顧之憂、突如其來、飲酒作樂	10	
	兼語關係型		0	
	並列關係型	酸甜苦辣	1	

由上表可知，康軒版第十二冊國語教材中成語的內部結構為：

（一）完全二二相承式的成語有 24 個，其中以並列型中的偏正+偏正型最多有 7 個。

（二）不完全二二相承式的成語有 27 個，其中以連謂關係型最多有 10 個。

　　倘若將以上數據加以整理統合，便可以依冊數把康軒版國語教材中成語的內部結構呈現如下圖表[6]：

表 4-2-15　各冊的成語內部結構數量表

語法結構類型		完全二二相承式									不完全二二相承式						
		並列型					非並列型				主謂關係型	述賓關係型	述補關係型	偏正關係型	連謂關係型	兼語關係型	並列關係型
		主謂+主謂型	述賓+述賓型	述補+述補型	偏正+偏正型	聯合+聯合型	主謂式	述賓式	偏正式	聯合式							
一年級	第一冊	0	0	0	1	0	0	0	0	0	0	0	0	0	0	0	0
	第二冊	0	0	0	0	0	0	0	0	0	0	0	0	0	0	0	0
二年級	第三冊	0	1	0	1	0	0	0	0	0	0	0	0	0	1	0	0
	第四冊	0	0	0	5	0	0	0	0	0	0	0	1	1	1	0	0
三年級	第五冊	2	3	0	6	0	2	1	3	3	3	0	2	0	6	0	0
	第六冊	3	1	0	5	0	0	1	0	0	0	1	1	5	2	1	0
四年級	第七冊	4	1	0	4	0	1	0	0	7	0	0	4	5	1	0	0
	第八冊	8	8	0	10	0	3	0	0	1	1	3	6	3	1	0	0
五年級	第九冊	5	5	0	11	0	9	1	2	2	0	5	1	4	8	5	0
	第十冊	10	4	0	6	3	9	1	2	9	3	3	10	12	3	2	1
六年級	第十一冊	5	3	0	17	0	12	3	3	4	10	5	6	15	6	0	0
	第十二冊	1	6	0	7	0	3	1	1	5	2	2	6	6	10	0	1
總計		38	32	0	73	3	33	8	11	31	25	19	37	51	37	8	2

---

[6] 依冊數進行內部結構分析的成語包含在教材中重複出現的成語，所以本表的成語數量與上表 4-2-2 中成語的數量不同。

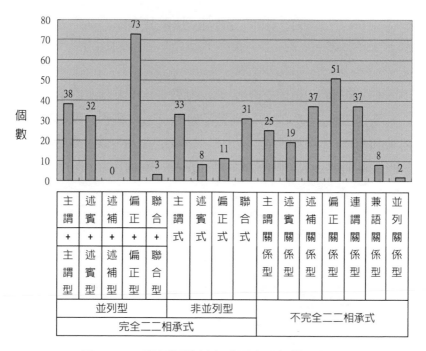

圖 4-2-1　康軒版教材中成語內部結構分布圖

　　由上述圖表可以看出，在國小一到六年級康軒版國語教材的
408 個成語（包括重複的部分）中，內部結構是完全二二相承式的
有 229 個，不完全二二相承式的有 179 個。完全二二相承式中並列
型有 146 個，其中主謂＋主謂型 38 個、述賓＋述賓型 32 個、述補
＋述補型 0 個、偏正＋偏正型 73 個、聯合＋聯合型 33 個；非並列
型有 83 個，其中主謂式 33 個、述賓式 8 個、偏正式 11 個、聯合
式 31 個。不完全二二相承式中主謂關係型 25 個、述賓關係型 19
個、述補關係型 37 個、偏正關係型 51 個、連謂關係型 37 個、兼
語關係型 8 個、並列關係型 2 個

第三節　語法功能分析

　　上一節談的是成語本身的內部結構，這一節要探討的是成語在課文句子中的語法功能。蒐集語料的同時，發現出現在教材裡統整活動中的成語，因為多以詞語的形式單獨出現，所以不列為本節探討的語料範圍。以下便依冊別來加以分析及說明：

表 4-3-1　第一冊國語教材中成語語法功能一覽表

第一冊			
成語	課別	課文句子	語法功能類型
大街小巷	8	過年好，ㄆㄧ　ㄎㄚ　ㄆㄚ　ㄅㄚ放鞭炮，大街小巷好熱鬧。	主語

　　由上表可知，康軒版第一冊國語教材中成語的語法功能類型，只有主語出現了 1 次。

表 4-3-2　第三冊國語教材中成語語法功能一覽表

第三冊			
成語	課別	課文句子	語法功能類型
心想事成	10	送給親友的時候，還可以祝他們心想事成，事事如意呢！	賓語
東倒西歪	15	每個人說的笑話，都令人笑得東倒西歪。	補語

　　由上表可知，康軒版第三冊國語教材中成語的語法功能類型，賓語和補語各出現了 1 次。

表 4-3-3 第四冊國語教材中成語語法功能一覽表

第四冊				
成語	課別	課文句子	語法功能類型	

成語	課別	課文句子	語法功能類型
分工合作	6	蛋糕雖然不大，卻要好多人分工合作，才會有好吃的蛋糕。	謂語
兩全其美	7	兩個媽媽一起過節，真是兩全其美。	賓語
青山綠水	11	湖水是個好畫家，把青山綠水畫下來	主語
氣喘吁吁	11	他氣喘吁吁的說：「我打敗了大木，獲得了冠軍。」	狀語
東張西望	12	她站在家門口東張西望。	謂語
左鄰右舍	12	左鄰右舍要互相照顧啊！	主語
左鄰右舍	12	熱心的張媽媽是左鄰右舍心中的大好人。	定語

　　由上表可知，康軒版第四冊國語教材中成語的語法功能類型，謂語和主語出現次數最多分別都有 2 次；賓語、狀語、定語各出現了 1 次。

表 4-3-4 第五冊國語教材中成語語法功能一覽表

第五冊				
成語	課別	出現句子	語法功能類型	

成語	課別	出現句子	語法功能類型
不知不覺	2	真快，隨著時間悄悄的過去，我也在不知不覺中升上三年級。	狀語
不知不覺	3	玩累了，阿福就靠在大樹下休息，不知不覺睡著了。	狀語
一五一十	3	阿福一五一十的把經過告訴老人。	狀語
三三兩兩	3	河邊有三三兩兩的牛羊，正低著頭吃草。	定語
古色古香	6	我們的老家在鹿港，那裡的建築古色古香。	謂語
有始有終	8	他相信只要努力去做，有始有終，身體一定會越來越健康。	分句
氣喘如牛	8	小寶在操場跑步時，常常覺得頭暈，而且氣喘如牛。	謂語

吞吞吐吐	11	阿雄不好意思的望著那排雨傘，吞吞吐吐的說。	狀語
慌慌張張	11	放學時，下起一陣大雨，阿雄慌慌張張的躲進雜貨店的屋簷下。	狀語
無名英雄	12	社會上有許許多多的無名英雄，在每個角落發光又發熱。	主語
一馬當先	13	他「一馬當先」，打敗魔王。	謂語
打草驚蛇	13	甲：打草驚蛇。	單獨成句
生龍活虎	13	甲：有了，生龍活虎。	分句
守株待兔	13	甲：守株待兔。	單獨成句
馬到成功	13	打敗魔王，終於「馬到成功」，救了公主！	謂語
談虎色變	13	甲：談虎色變。	單獨成句
膽小如鼠	13	甲：這容易，膽小如鼠，豬……豬……	分句
雞飛狗跳	13	甲：雞飛狗跳。	單獨成句
識途老馬	13	白馬王子為了救公主，便騎著一匹「識途老馬」出發。	賓語
有氣無力	14	這個孩子怎麼了，講話有氣無力的。	補語

由上表可知，康軒版第五冊國語教材中成語的語法功能類型，狀語出現次數最多有 5 次；單獨成句和謂語出現次數次之分別有 4 次；分句有 3 次；主語、賓語、定語、補語各有 1 次。

表 4-3-5　第六冊國語教材中成語語法功能一覽表

第六冊			
成語	課別	課文句子	語法功能類型
鳥語花香	3	這時百花盛開，鳥語花香，春天隨著孩子們的笑聲，又回到花園裡來了。	分句

點石成金	5	爺爺真能點石成金，化腐朽為神奇呀！	謂語
栩栩如生	5	每一件作品都栩栩如生，很多來參觀的朋友都嘖嘖稱奇呢！	謂語
大開眼界	8	這些景象真讓我大開眼界。	謂語
山光水色	9	我們散步的時候，本來陽光既溫暖又燦爛，突然有一朵雲飄過，把山光水色都藏起來了。	主語
雲消霧散	9	過了不久，雲消霧散，眼前又是一片青山綠水。	謂語
青山綠水	9	過了不久，雲消霧散，眼前又是一片青山綠水。	賓語
於事無補	11	沒錯，越是責怪自己越是難過，而且於事無補，更何況同學也沒有責怪她的意思。	謂語
悶悶不樂	11	她悶悶不樂的摸著雙腿，想到這次比賽，因為自己受傷而無法為班上盡力，不由得難過起來。	狀語
一模一樣	12	昨天，我到書店要買一個鉛筆盒還給你，卻找不到一模一樣的。	賓語

　　由上表可知，康軒版第六冊國語教材中成語的語法功能類型，謂語出現次數最多有 5 次；賓語次之有 2 次；分句、主語和狀語分別都是 1 次。

表 4-3-6　第七冊國語教材中成語語法功能一覽表

第七冊			
成語	課別	課文句子	語法功能類型
自由自在	1	讓我們在他身上，自由自在的跳躍翻滾。	狀語
奇形怪狀	2	我們更愛看海邊奇形怪狀的岩石。	定語
形形色色	2	那裡有漂亮的海、藍藍的天，以及形形色色的岩石。	定語
依依不捨	2	我們就在這美麗的景色下，依依不捨的揮手告別這一片迷人的野柳海岸。	狀語
晴空萬里	3	飛機終於起飛了，窗外晴空萬里，美麗的景色盡收眼底。	謂語

理直氣壯	5	他理直氣壯的說：「怎麼會呢？」	狀語
舉手之勞	6	媽媽：跟你講了很多次了，舉手之勞嘛！	分句
鍥而不捨	7	他那鍥而不捨的精神，最後感動了西班牙國王及王后。	定語
不約而同	7	他們看到眼前的綠色陸地，不約而同的歡呼起來。	狀語
各式各樣	8	他甚至還在家裡布置各式各樣的養殖箱，以便觀察昆蟲的各種生態。	定語
意想不到	9	有人格外細心觀察，發現漲潮、退潮和月亮的圓缺，竟然有意想不到的「巧合」。	狀語
興高采烈	9	小螞蟻發現了食物就興高采烈的呼朋引伴。	狀語
依依不捨	12	村民也揮著手，依依不捨的跟鯨魚道別。	狀語

　　由上表可知，康軒版第七冊國語教材中成語的語法功能類型，狀語出現次數最多有 7 次，定語次之有 4 次；分句、謂語各有 1 次。

表 4-3-7　第八冊國語教材中成語語法功能一覽表

第八冊			
成語	課別	課文句子	語法功能類型
七嘴八舌	2	大家都立刻圍過來，互相問候，七嘴八舌的說：「今年……」	狀語
成雙成對	2	我在天燈上畫了很多成雙成對的月亮。	定語
小心翼翼	2	我們把油紙點燃，小心翼翼地扶著天燈好像護著自己的心願一樣。	狀語
翻山越嶺	3	一路上翻山越嶺，雖然有風有雨，有霜有雪，非常辛苦……	謂語
躡手躡腳	5	我聽到「嗶伊──嗶伊」的叫聲，就躡手躡腳的躲在窗簾後面偷看。	狀語
千變萬化	6	因為媽媽做的飯盒千變萬化，所以每次校外教學前幾天……	補語

心滿意足	6	我非常感謝媽媽，不但讓大家吃得心滿意足，眉開眼笑，也為校外教學帶來更多歡樂。	補語
眉開眼笑	6	我非常感謝媽媽，不但讓大家吃得心滿意足，眉開眼笑，也為校外教學帶來更多歡樂。	補語
鑼鼓喧天	7	廟前的戲臺已經搭好布景，戲臺上鑼鼓喧天，微風吹起布簾一角……	謂語
捲土重來	9	叔叔那隊去年慘遭淘汰，這次捲土重來，他們苦練了好久……	謂語
摩拳擦掌	9	四艘龍船成排停在起點線上，選手摩拳擦掌的等待。	謂語
絞盡腦汁	10	就連讓歌聲重現的留聲機，都是他絞盡腦汁發明出來的。	謂語
半途而廢	10	他常常為那些半途而廢的人感到可惜。	定語
鍥而不捨	10	憑著恆心、毅力以及鍥而不捨的實驗精神，愛迪生終於發明了電燈。	定語
一清二楚	11	他喜歡思考，喜歡提問題，即使是一些常見的現象，也要把它弄得一清二楚，才肯罷休。	補語
大開眼界	11	這一連串的發現，讓他大開眼界。	謂語
冷嘲熱諷	11	那麼多的冷嘲熱諷和無情打擊，都阻擋不了他追求和探索的熱忱。	謂語
當之無愧	11	這樣的讚美，伽利略可說當之無愧啊！	謂語
接二連三	12	人類不斷的探索，不斷的發現，各種新的發明也接二連三的產生。	狀語
茹毛飲血	12	於是人類從茹毛飲血的生食時代，進步到熟食時代。	定語
日新月異	12	電話、電視、電腦的發明，及科技日新月異的進步，也使我們的生活愈來愈便利。	狀語
永無止境	12	人類的好奇心是永無止境的，未來的農工技術……	賓語
志同道合	13	首先要找一些志同道合的人，成立一個讀書會。	定語
迫不及待	14	我一拿到書，就迫不及待的把它看完。	狀語
回味無窮	14	事後的思考，更使我們回味無窮。	謂語

　　由上表可知，康軒版第八冊國語教材中成語的語法功能類型，謂語出現次數最多有 9 次；狀語次之有 6 次；定語、補語有 4 次；賓語最少只有 1 次。

表 4-3-8　第九冊國語教材中成語語法功能一覽表

第九冊				
成語	課別	課文句子	語法功能類型	
神態自若	1	他把紙條放在講臺上，神態自若的說：「剛才有一位觀眾……	狀語	
高談闊論	1	前面幾位名人，個個高談闊論，眼看時間已經很晚了……	謂語	
面面相覷	3	個個面面相覷，不知如何是好。	謂語	
大禍臨頭	3	這養馬人犯了三條大罪，還不知道大禍臨頭。	賓語	
靈機一動	3	晏子看到了這個情形，靈機一動，連忙上前說道：「……	謂語	
不明不白	3	不如讓我來說清楚，免得他死得不明不白。	補語	
恍然大悟	3	齊景公聽了晏子的話，才恍然大悟。	謂語	
臨機應變	3	晏子臨機應變，應用委婉勸諫的說話技巧，救了養馬人一命，也幫助齊景公免於犯錯。	謂語	
順手牽羊	4	但是當地居民生活散漫，總是把收入花費在菸酒上，還會「順手牽羊」把工地的東西拿走。	謂語	
千辛萬苦	4	經過千辛萬苦，醫院終於落成了。	賓語	
念念不忘	4	第一次世界大戰時……一度身染重病，但他還是念念不忘他的病人。	謂語	
與世長辭	4	西元一九六五年，史懷哲與世長辭。	謂語	
四海一家	4	墓碑上有個標記：「○」表示四海一家，「十」代表博愛。	賓語	
不屈不撓	5	有人不屈不撓，和艱苦的命運搏鬥。	謂語	
千千萬萬	6	大自然孕育著千千萬萬的生命。	定語	
生生不息	6	能通過考驗的，可以生生不息，繁衍後代。	謂語	

欣欣向榮	6	如果你咬緊牙關，迎向挑戰，你才可能像小草一樣，到處繁衍，欣欣向榮。	分句
無邊無際	8	當我優游於無邊無際的幻想時，忽然被手邊傳來的……	狀語
順流而下	9	河烏習慣沿著水流很急的溪谷，順流而下。	謂語
神色自若	9	牠停落在一塊石頭上，神色自若的享用牠的大餐了。	狀語
離群索居	9	溪鳥通常都獨門獨院，過著離群索居的生活。	定語
成群結隊	9	他們總是成群結隊。	謂語
形單影隻	9	到了溪谷裡，我經常看見他們形單影隻的。	謂語
自給自足	9	牠們大多定居在一個固定的河域，過著自給自足的生活。	定語
雨過天青	10	有一個雨過天青的夜晚，天上的星星像用水洗過似的，變得更多、更亮。	定語
夜深人靜	10	每當心情不好的晚上，夜深人靜，仰望燦爛的星空。	狀語
情景交融	11	這情境交融的畫面，使全詩有了更美的意境。	定語
隨時隨地	12	要我們學習什麼是愛，如何去愛，並且隨時隨地去愛。	狀語
無時無刻	13	生命的過程，無時無刻不在改變……	狀語
聽天由命	13	十五、六歲以前，我什麼都不懂，聽天由命；	分句

　　由上表可知，康軒版第九冊國語教材中成語的語法功能類型，謂語出現次數最多有 13 次；狀語次之有 6 次；定語 5 次；賓語 3 次；分句 2 次；補語 1 次。

表 4-3-9　第十冊國語教材中成語語法功能一覽表

第十冊			
成語	課別	課文句子	語法功能類型
一清二楚	2	你將每天放學後和假日的時間，做了一番規畫，什麼時候看書……寫得一清二楚。	補語
得心應手	2	漸漸的，我的工作愈來愈得心應手，再也不會忙得團團轉了。	謂語

第十冊			
成語	課別	課文句子	語法功能類型
持之以恆	2	已經有了好的開始，希望你持之以恆……	謂語
受用無窮	2	希望你持之以恆，努力去做，將一輩子受用無窮。	謂語
呱呱墜地	3	而這些僅存的光陰，從我們呱呱墜地那一刻起，就悄悄的溜走……	狀語
喃喃自語	3	無論是在公車或捷運上，總有許多人帶著耳機喃喃自語。	謂語
聚沙成塔	3	像存錢一樣，一點一點累積下來，也能聚沙成塔，完成別人認為不可能的任務。	謂語
一望無際	5	山上山下，滿山滿谷，一望無際，雪白的一片花海。	分句
膽戰心驚	5	鋪滿小白花的山路，像一條柔軟高貴的地毯，走起路來令人膽戰心驚。	謂語
黑白分明	5	小白花飄落在黑石頭上，像層層雪花一樣，黑白分明。	分句
金蟬脫殼	7	蜥蜴的尾巴，是施展金蟬脫殼的最佳道具。	賓語
逃之夭夭	7	而斷尾的蜥蜴，則早已趁機逃之夭夭了。	謂語
恍然大悟	8	這時，我們才恍然大悟，原來舅舅不用農藥，就是為了要復育這些螢火蟲。	謂語
目不暇給	8	他們在草叢中飛舞……令人目不暇給，真是美不勝收啊！	謂語
美不勝收	8	他們在草叢中飛舞……令人目不暇給，真是美不勝收啊！	賓語
不假思索	9	對於流傳了千百年的傳統觀念……我們常常會不假思索，信以為真。	謂語
信以為真	9	對於流傳了千百年的傳統觀念……我們常常會不假思索，信以為真。	分句
習以為常	9	因為從前的人對自然現象習以為常。	補語
似是而非	9	因此，許多似是而非的知識也就這樣流傳下來。	定語
糊里糊塗	9	人們也糊里糊塗的一錯就是幾千年。	謂語
追根究底	9	「懷疑的精神」……更可以幫助我們追根究底，破除迷思……	補語
夢寐以求	10	十九歲時，進入夢寐以求的藝術學校就讀，得以展現	定語

第十冊			
成語	課別	課文句子	語法功能類型
		他美術創作的天分。	
漫不經心	10	就好像愛玩的小孩在牆壁上漫不經心的塗鴉，看起來自由又自在……	狀語
天真爛漫	10	……塗鴉，看起來自由又自在，純樸稚拙，富有天真爛漫的童趣。	定語
異想天開	10	米羅的作品充滿了異想天開的想像。	定語
熱情洋溢	10	最重要的是畫家隨意而有趣的組合，讓畫布上顯得熱情洋溢……	謂語
無拘無束	10	原來可以用線條、圖形和色彩，無拘無束的創作，自由自在的揮灑……	狀語
自由自在	10	原來可以用線條、圖形和色彩，無拘無束的創作，自由自在的揮灑……	狀語
似曾相識	10	每一個小孩看到米羅的畫，都會覺得似曾相識，好像在哪裡看過……	賓語
跋山涉水	11	古時交通不便……途中不但要跋山涉水、翻山越嶺，路經……	賓語
翻山越嶺	11	古時交通不便……途中不但要跋山涉水、翻山越嶺，路經……	謂語
扣人心弦	11	反覆回繞的旋律，把離別的情緒表達得多麼貼切，多麼扣人心弦啊！	賓語
詩詞歌賦	11	他在藝術方面的天分極高，金石書畫，詩詞歌賦，無不精道，而且很有自己的風格。	主語
生離死別	11	清末明初……人們常常需要面對生離死別。	謂語
膾炙人口	11	他大概是心有所感，所以寫下這首膾炙人口的「送別」。	定語
字裡行間	11	字裡行間有落寞，也有感嘆，或許這首歌，正是他當時心情的寫照吧！	主語
煞有其事	12	爺爺喜歡看京戲……有時還煞有其事的比手畫腳，看起來很滑稽。	狀語

第十冊			
成語	課別	課文句子	語法功能類型
鐵面無私	12	像包公的臉，畫得像黑鍋底，表示他是「鐵面無私」的呢！	賓語
手舞足蹈	12	一提起小時候廟會布袋戲的情形，他就手舞足蹈。	謂語
纏綿悱惻	12	他最關心的還是男女主角纏綿悱惻的愛情故事。	定語
相依為命	12	從此，咪咪和老人相依為命，過著流浪的生活。	謂語
不知不覺	12	我看著看著，竟不知不覺的流下眼淚。	狀語
悲歡離合	12	戲是人生，人生就是一場戲，所有的悲歡離合、喜怒哀樂都在戲裡呈現。	主語
喜怒哀樂	12	戲是人生，人生就是一場戲，所有的悲歡離合、喜怒哀樂都在戲裡呈現。	主語
萬馬奔騰	13	糟了，遠處黃沙滾滾，萬馬奔騰。	分句
兵來將擋	13	兵來將擋，水來土掩，我胸中自有百萬雄兵。	分句
高談闊論	13	傳令下去！各人堅守崗位，不得隨意走動，不得高談闊論，更不得散播謠言。	謂語
老弱殘兵	13	城裡只剩兩千老弱殘兵，如何能對抗司馬懿十五萬大軍啊！	賓語
若無其事	13	你們要裝出若無其事的樣子，不得違令！	定語
自言自語	13	看著遠方，自言自語。	分句
氣定神閒	13	父親大人，您看他那副氣定神閒的樣子。	定語
先見之明	13	丞相果然有先見之明，真是神機妙算啊！	謂語
神機妙算	13	丞相果然有先見之明，真是神機妙算啊！	賓語
名不虛傳	13	丞相果然名不虛傳。	謂語
別出心裁	14	你看，主辦單位真是別出心裁啊！	賓語

　　由上表可知，康軒版第十冊國語教材中成語的語法功能類型，謂語出現次數分別最多有 19 次；賓語次之有 9 次；定語有 8 次；分句和狀語分別都有 6 次；主語有 4 次；補語最少只有 3 次。

表 4-3-10　第十一冊國語教材中成語語法功能一覽表

第十一冊			
成語	課別	課文句子	語法功能類型
輕而易舉	1	牠想，學大白鵝游泳應該是件輕而易舉的事。	定語
心灰意冷	1	模仿貓心灰意冷的在樹林裡漫無目的的走著。	謂語
漫無目的	1	模仿貓心灰意冷的在樹林裡漫無目的的走著。	狀語
慘不忍睹	2	放學回家……沒想到所有的草莓看起來都慘不忍睹。	謂語
楚楚可憐	2	她一邊……一邊紅著眼眶，楚楚可憐的說對不起。	狀語
靈機一動	2	我靈機一動，決定做「草莓大餐」。	謂語
津津有味	2	朱哲謙一邊津津有味的吃著，一邊說：「……	狀語
旗鼓相當	3	四百公尺接力，也因此變成一場旗鼓相當的比賽。	定語
心存芥蒂	3	因此當第二天身為隊長的名揚要他一起搬運器材時，本來就心存芥蒂的他，便借題發揮，大聲拒絕。	謂語
借題發揮	3	因此當第二天身為隊長的名揚要他一起搬運器材時，本來就心存芥蒂的他，便借題發揮，大聲拒絕。	謂語
無理取鬧	3	事後，政彬對自己的無理取鬧，雖然深感後悔，卻拉不下臉來向名揚道歉。	賓語
憂心忡忡	3	老師憂心忡忡的問名揚：「……	狀語
百感交集	3	政彬聽了，心中百感交集，卻不知該說些什麼。	謂語
全力以赴	3	只要每位選手都能全力以赴，一棒接一棒的傳遞下去……	謂語
各就各位	3	當裁判大喊「各就各位」時，政彬已經有所領悟......	分句
並駕齊驅	3	只見名揚和對手並駕齊驅，拼得難分難解。	謂語
難分難解	3	只見名揚和對手並駕齊驅，拼得難分難解。	補語
足智多謀	5	湯姆是一位善良、充滿正義感，又足智多謀的小孩。	定語
津津有味	5	他們卻偷偷從荒島回來，躲在教堂樓上，津津有味的看著人們追悼他們的情形。	狀語
真相大白	5	他鼓起勇氣，在法庭上挺身作證，讓真相大白。	謂語
化險為夷	5	他的反應機靈敏銳，行為充滿智慧，總是能克服困難，化險為夷。	謂語
臨機應變	5	他這種肯用腦筋、臨機應變的態度，值得我們學習。	謂語

第十一冊				
成語	課別	課文句子		語法功能類型
狐假虎威	6	狐假虎威節錄自戰國策。		主語
狐假虎威	6	狐假虎威是戰國策裡的一則寓言故事。		主語
狐假虎威	6	狐假虎威的故事也警惕我們：對於……		定語
狐假虎威	6	大臣江乙以狐假虎威的故事，讓楚宣王明白……		定語
狐假虎威	6	戰國策另一特點是巧妙且大量的運用寓言故事，來增強說服力，如：畫蛇添足、鷸蚌相爭、狐假虎威等。		分句
畫蛇添足	6	戰國策另一特點是巧妙且大量的運用寓言故事，來增強說服力，如：畫蛇添足、鷸蚌相爭、狐假虎威等。		分句
鷸蚌相爭	6	戰國策另一特點是巧妙且大量的運用寓言故事，來增強說服力，如：畫蛇添足、鷸蚌相爭、狐假虎威等。		分句
落荒而逃	6	野獸們看到老虎，都嚇得落荒而逃。		補語
熙熙攘攘	7	在大都，馬可•波羅看到街上行人熙熙攘攘。		謂語
金碧輝煌	7	皇宮建築金碧輝煌，牆壁上都畫著美麗的圖案。		謂語
亭臺樓閣	7	花園中有亭臺樓閣、花廊水榭、奇花異草和珍禽異獸，這些都讓他大開眼界。		賓語
奇花異草	7	花園中有亭臺樓閣、花廊水榭、奇花異草和珍禽異獸，這些都讓他大開眼界。		賓語
珍禽異獸	7	花園中有亭臺樓閣、花廊水榭、奇花異草和珍禽異獸，這些都讓他大開眼界。		賓語
大開眼界	7	花園中有亭臺樓閣、花廊水榭、奇花異草和珍禽異獸，這些都讓他大開眼界。		謂語
四通八達	7	在交通方面，有又長又寬，四通八達的運河，船隻來往自如。		定語
湖光山色	7	對於西湖的湖光山色，以及江南魚米之鄉的繁華景象，更是印象深刻。		謂語
魚米之鄉	7	對於西湖的湖光山色，以及江南魚米之鄉的繁華景象，更是印象深刻。		同位語
夜以繼日	8	一個懷有身孕的妻子，夜以繼日的佇立在海邊，等待出海捕魚的丈夫歸來。		狀語
栩栩如生	9	陶俑的姿勢有站有跪，面容各異，個個栩栩如生。		謂語

第十一冊				
成語	課別	課文句子		語法功能類型
氣勢磅礴	9	他們的大小和真人相似，數量眾多，氣勢磅礴，像個龐大的地下軍團。		謂語
左鄰右舍	10	左鄰右舍、路過的人、來訪的朋友……都喜歡他的花園。		定語
心滿意足	10	只要周遭的人看了喜歡，看了高興，他就心滿意足了。		謂語
易如反掌	10	對他來說，捉海鷗是易如反掌的事。		定語
興致勃勃	10	許多雕刻家興致勃勃的前來，看過以後都打退堂鼓。		狀語
打退堂鼓	10	許多雕刻家興致勃勃的前來，看過以後都打退堂鼓。		謂語
溫文儒雅	10	主人見他溫文儒雅、謙恭有禮……		謂語
舉世無雙	10	終於把這塊石頭，雕成舉世無雙的巨人大衛像。		定語
精雕細琢	11	手上拿著兩個翡翠鐲子、一個精雕細琢的葫蘆。		定語
二話不說	11	女孩二話不說，把花瓶包好了，遞給富商。		謂語
莫名其妙	11	富商雙手一攤，裝成莫名其妙的樣子……		定語
無地自容	11	富商看到西洋鏡被拆穿了，覺得羞愧難當，無地自容。		謂語
無影無蹤	11	他趕緊放下花瓶，從人群中擠出，消失得無影無蹤。		補語
引而不發	12	這種「引而不發」的說話技巧，比直接闡述主張，更能達到效果。		謂語
五彩繽紛	13	此時應該是百花盛開的季節，五彩繽紛，多麼美麗啊！		謂語
成千上萬	13	如果能在這兒灑下成千上萬的種子，說不定將來能形成一片花海。		定語
姹紫嫣紅	13	幾年後，沿著公路兩旁，開滿了姹紫嫣紅的花朵……		定語
詩情畫意	13	沈醉在詩情畫意的姊姊說：「……		賓語
五花八門	13	現在傳播媒體發達又便利，充斥著各種五花八門的資訊。		定語
人云亦云	13	我們一定要學習……否則可能會落入盲目跟從，人云亦云的尷尬狀況。		謂語
離鄉背井	14	離鄉背井的人，要怎麼樣才能知道戰況的發展及家人是否都平安呢？		定語

第十一冊				
成語	課別	課文句子		語法功能類型
不勝枚舉	14	傳遞訊息的技術不斷進步，傳遞方式不勝枚舉，功能也日新月異。		謂語
日新月異	14	傳遞訊息的技術不斷進步，傳遞方式不勝枚舉，功能也日新月異。		謂語
隨時隨地	14	他們容易攜帶與保存，隨時隨地都可以閱讀，非常方便。		狀語
身歷其境	14	不管是看球賽……都能讓在不同地區的人，同時有身歷其境的感覺。		定語
輕而易舉	14	許多不當的資訊也隨著各種管道，輕而易舉的入侵校園、家庭，戕害青少年的身心健康。		狀語

　　由上表可知，康軒版第十一冊國語教材中成語的語法功能類型，謂語出現次數最多有 27 次；定語次之有 16 次；狀語有 9 次；賓語有 5 次；分句有 4 次；補語有 3 次；定語有 2 次；同位語最少只有 1 次。

表 4-3-11　第十二冊國語教材中成語語法功能一覽表

第十二冊				
成語	課別	課文句子		語法功能類型
意猶未盡	1	眼看天色將暗，我仍意猶未盡。		謂語
悠閒自得	1	詩中巧妙的將朋友間的感情，與悠閒自得的田園生活融為一體。		定語
如獲至寶	2	我掏出一條口香糖給他，他如獲至寶，趕忙將手裡的雨花石……		謂語
後顧之憂	3	幸好安養院肯收留他們，讓他們得到這麼好的照料，也讓家屬無後顧之憂。		謂語

第十二冊			
成語	課別	課文句子	語法功能類型
密不透風	4	在他的帶領下，我們進入了這片密不透風的原始雨林。	定語
突如其來	4	原來，這表面看起來深沈寧靜的叢林，往往有突如其來的殺手。	定語
志在四方	5	他卻瀟灑不俗，志在四方，遍遊名山大川，到處旅行探險。	分句
名山大川	5	他卻瀟灑不俗，志在四方，遍遊名山大川，到處旅行探險。	賓語
千辛萬苦	5	雖然經歷千辛萬苦，他還是堅持目標，鍥而不捨，繼續他的考察工作。	謂語
鍥而不捨	5	雖然經歷千辛萬苦，他還是堅持目標，鍥而不捨，繼續他的考察工作。	謂語
美輪美奐	6	古代歐洲城堡多半建造得美輪美奐。	補語
固若金湯	6	他們會盡量利用山巔水邊之利，興築固若金湯的堡壘。	定語
飲酒作樂	6	讓人不禁聯想到當年王公貴族在此飲酒作樂，吹著號角打獵的場景。	謂語
威震天下	6	太陽王路易十四……無形中成功的整合了割據多處的貴族世家，因而威震天下。	謂語
耳熟能詳	7	當天她還演唱了我們耳熟能詳的「茉莉花」和「天黑黑」呢！	定語
綠草如茵	8	它座落在金山海邊風景幽雅、綠草如茵的山坡上。	定語
源源不絕	8	我們被那一尊正在打太極拳的雕像吸引住了，感覺好像有源源不絕的力量……	定語
日以繼夜	8	經歷八年日以繼夜的勤苦耕耘，他終於揉合了傳統的雕刻技法。	狀語
同心協力	8	同心協力就是其中受到大家喜愛的作品之一。	主語
齊心協力	8	它刻畫著老牛和農人正齊心協力克服困境，要把滿載木頭……	謂語

第十二冊				
成語	課別	課文句子		語法功能類型
一鳴驚人	8	由於作品裡帶有鄉土情懷，又極富生命力，特別感動人心，使這次展出一鳴驚人。		謂語
源源不絕	8	此後，他的創意源源不絕，不但根據中國武術精神……		謂語
形形色色	8	人間系列作品，則引導我們去觀察人的形形色色，以及生活的各種型態和情感。		謂語
依依不捨	8	我們在夕陽餘暉中，依依不捨的告別了這座美麗的山坡。		狀語
意猶未盡	8	一路上我們仍意猶未盡的討論著那些雕刻作品。		狀語
獨一無二	9	每一朵花都有獨特的丰姿，每一個嬰兒都是造物者獨一無二的創作。		定語
懵懵懂懂	10	一年級的我剛上學，懵懵懂懂的，不知道為什麼總是把老師錯叫成媽媽……		謂語
眾目睽睽	10	我就在眾目睽睽的情況下，跛著腳跑完了全程。		定語
有福同享	10	現在是六年級了，大家早就變成有福同享、有難同當的患難之交。		謂語
有難同當	10	現在是六年級了，大家早就變成有福同享、有難同當的患難之交。		謂語
患難之交	10	現在是六年級了，大家早就變成有福同享、有難同當的患難之交。		定語
拍案叫絕	10	許多令人拍案叫絕的鬼點子，就在你一言我一語的爭論下逐漸成形。		定語
刮目相看	10	上學期在活動中心的戲劇演出博得滿堂彩，全校師生都對我們刮目相看。		謂語
同心協力	10	在大家同心協力下，這一年班上的生活簡直是高潮迭起，精彩萬分。		謂語
歷歷在目	10	往事歷歷在目，一張張笑臉，一件件往事，像一幕幕剪影般……		謂語
同甘共苦	10	我變成了一個……知道如何與別人合作，會跟他人同甘共苦的孩子。		謂語

第十二冊			
成語	課別	課文句子	語法功能類型
糊里糊塗	11	他希望我做事情也像投籃一樣精準，不要糊里糊塗，老是犯錯。	謂語
談天說地	11	我不禁想起……一起坐在球場旁邊的石椅上吹著涼風，談天說地的時光。	謂語
一路順風	11	祝你一路順風，注意騎馬安全。	賓語
不亦樂乎	11	同學們看了，都把紀念冊拿去給他簽，還指定要畫漫畫，讓他忙得不亦樂乎。	補語
依依不捨	11	只可惜畢業的日子已經來臨，讓大家更是依依不捨。	謂語
酸甜苦辣	12	最後一個夏天，酸甜苦辣的種種滋味，只有我們才能夠品嚐和體會。	定語

　　由上表可知，康軒版第十二冊國語教材中成語的語法功能類型，謂語出現次數最多有21次；定語次之有12次；狀語有3次；賓語和補語分別有2次；分句和主語最少分別只有1次。

　　倘若將以上數據加以整理統合，便可以依冊數把康軒版國語教材中成語的語法功能呈現如下圖表：

表 4-3-12 　各冊的成語語法功能數量表

語法功能類型		單獨成句	分句	詞組						
				主語	謂語	賓語	定語	狀語	補語	同位語
一年級	第一冊	0	0	1	0	0	0	0	0	0
	第二冊	0	0	0	0	0	0	0	0	0
二年級	第三冊	0	0	0	0	1	0	0	1	0
	第四冊	0	0	2	2	1	1	1	0	0
三年級	第五冊	4	3	1	4	1	1	5	1	0
	第六冊	0	1	1	5	2	0	1	0	0

四年級	第七冊	0	1	0	1	0	4	7	0	0
	第八冊	0	0	0	9	1	4	6	4	0
五年級	第九冊	0	2	0	13	3	5	6	1	0
	第十冊	0	6	4	19	9	8	6	3	0
六年級	第十一冊	0	4	2	27	5	16	9	3	1
	第十二冊	0	1	1	21	2	12	3	2	0
總計		4	18	12	101	25	51	44	15	1

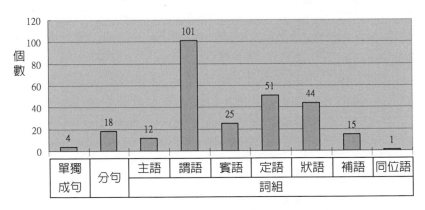

圖 4-3-1　康軒版教材中成語語法功能分布圖

　　由上述圖表可以看出，在國小一到六年級康軒版國語教材中，
出現在課文句子裡的 271 個成語中，成語的語法功能是單獨成句的
有 4 個；是分句的有 18 個。詞組中以謂語最多有 101 個；其次是
定語 51 個；狀語 44 個；賓語 25 個；補語 15 個；主語 12 個；同
位語 1 個。

第四節　小結

　　分析完國小一到六年級康軒版國語教材中的成語後，發現以下兩個現象：第一，在成語的內部結構方面，首先是完全二二相承式的成語較不完全二二相承式的成語多，但數量相差不大；其次是完全二二相承式的並列型和不完全二二相承式中，都以偏正結構的成語佔大多數，其中完全二二相承式的並列型中的偏正＋偏正型，是唯一一種在各冊均有出現的結構類型。分別論述如下：完全二二相承式的成語較不完全二二相承式的成語多，但數量相差不大。從分析的結果來看，完全二二相承式的成語有 187 個，比不完全二二相承式的成語多了 52 個，佔語料的 58%，也就是接近六成。大致上來說只要成語中不包含虛詞、代詞或否定詞，基本上結構都會成對稱平分的前後兩節，而這前後兩節從語意上來看可大致分作以下幾種類型，如：順接型（畫蛇添足）；並列型（湖光山色）；對比型（大街小巷）；成分重複型（無拘無束）；疊音型（吞吞吐吐）。這樣的前後兩節形式，不僅在意義上容易銜接，念起來也更富音韻之美。至於完全二二相承式的並列型和不完全二二相承式中，都以偏正結構的成語佔大多數，其中完全二二相承式的並列型中的偏正＋偏正型，是唯一一種在各冊均有出現的結構類型。從分析的結果來看，含有偏正結構的成語共有 135 個，佔語料的 42%，也就是四成多。偏正結構是由修飾語和中心語組合而成的，它們在意義上包含各式各樣的關係，且在詞類上也沒有過於嚴格的限制，如：中心語可以是名詞可以是動詞也可以是形容詞。在這樣多元化的條件下，或許就是使得偏正結構會成為語料中數量最多的原因之一。

　　第二，在成語的語法功能方面，首先是成語在教材中幾乎是充當詞組，尤其是充當謂語；其次是除了充當謂語，便是作為修飾中心語的定語與狀語。分別論述如下：成語在教材中幾乎是充當詞組，尤其是充當謂語。從分析的結果來看，充當謂語的成語共有 101 個，佔語料的 37%，也就是接近四成。在康軒版國語教材中最常被用來作敘述、說明和描寫一件事物，無論是主動或被動的型態。這個結果從成語的詞類特徵也能推測得出來，因為動詞和動詞性結構經常作謂語，而前一章的成語詞類探討便知道動詞佔 84%，為成語中比例最高的詞類，因此不難理解。另外，主謂結構可說是最簡單的結構類型，在小學階段的國語教材中俯拾即是，第一冊第一課的課文「大家一起坐下來」，便是標準的主謂結構，從這方面來看，成語以謂語功能佔多數，似乎是理所當然的事。至於除了充當謂語，便是作為修飾中心語的定語與狀語。從分析的結果來看，充當定語的成語共有 51 個，佔語料的 19%；充當狀語的成語共有 44 個，佔語料的 16%。也就是修飾性的成語數量接近三成五。修飾語可以表示領屬關係、性質或狀態、質料、用途、數量、時間或處所、方式和程度，在前面的章節曾探討過蘊含豐富的感情、形象、風格色彩的成語便具有表現力與形象功能並且有很強的概括性，因此在國語教材中它們被用來限制或描述中心語是最恰當不過的媒介了。

　　另外，值得一提的是康軒版國語教材中第一個出現的成語是大街小巷，在句子「大街小巷好熱鬧」中的語法功能是主語，既不是出現率最高的謂語，也不是次之的狀語或定語。乍看之下似乎有些矛盾，怎麼學生第一個接觸的成語並非常見的類型。這個問題從另一個角度來看就可以得到解答，大街小巷本身的內部結構為偏正＋偏正結構，還是具有修飾的作用。

第五章　成語的修辭

第一節　成語的修辭手法

　　成語具有很強的形象功能，許多修辭手法會滲透其中，增強語言的表現力和感染力，也是非常具有效力的強調手段。因此成語和其選用了多種修辭手法是分不開的。

　　本節試著依循王勤（2006）在《漢語熟語論》一書中，對成語修辭手法的分類方式作為本研究的架構。另外參考黃慶萱（2007）《修辭學》與陳望道（2005）《修辭學發凡》的修辭原則，將康軒版國語教材中的成語修辭手法作以下分類：

一、比喻

　　思想的對象與另外的事物有相似處，說話和寫文章時就用那另外的事物來比擬這個思想對象的就叫做比喻。比喻由正文（本體）、比喻（喻體）和比喻詞語（比喻詞）等三個成分組成，憑藉這三個成分的異同及隱現，可以分為明喻、隱喻、借喻。分別敘述如下：

（一）明喻 A

比喻的本體、喻體和比喻詞均出現。如：「口若懸河」，本體是「口」，喻體是「懸河」，比喻詞是「若」，說起話來像瀑布一樣滔滔不絕，比喻能言善辯。

（二）明喻 B

只出現比喻的喻體和比喻詞，本體不出現。如：「如獲至寶」，「如」是比喻詞，「獲至寶」是喻體，好像得到最珍貴的寶物，比喻喜出望外。

（三）明喻 C

由兩個喻體和兩個比喻詞構成，本體不出現。如：「如膠似漆」，「如」、「似」是比喻詞，「膠」、「漆」是喻體，像漆和膠那樣地緊密黏著，比喻感情的堅固或親密。

（四）暗喻

本體與喻體兩個成分同時出現，但比喻詞語被「是」、「也」、「為」、「成」、「作」之類的繫詞或準繫詞代替，甚至被隱藏起來。如：「蜂擁而上」，省略了比喻詞，像蜂般簇擁上來。

（五）借喻

字面上只借用喻體來表達整個意思的譬喻法。本體與比喻詞語都不出現。如：「鷸蚌相爭」，比喻兩相爭執必會造成兩敗俱傷，而讓第三者獲利的局面。

二、誇張

語言中誇張鋪飾，超過於客觀的事實處，重在主觀情意的抒發，不重在客觀事實的紀錄，能讓欲表達的形象更加凸顯，意境更為鮮明。也稱「誇飾」，如：「萬馬奔騰」，其中「萬」是誇張描述的虛寫數字，凸顯聲勢的浩大。

三、借代

所指事物縱然和其他事物沒有類似點，假使中間還有不可分離的關係時，作者也可藉那關係事物的名稱，來代替所說的事物。如：「冠蓋雲集」，其中「冠蓋」指當官者的帽飾與車飾，借指達官貴人。

四、比擬

將人擬物（就是以物比人）和將物擬人（就是以人比物）都屬此類修辭手法。如：「狐假虎威」，狐狸借老虎的威風嚇走百獸，讓「狐」、「虎」作「人」的言行動作。

五、對照

　　將兩種不同的，特別是相反的觀念或事實，貫串或對列起來，使所說的一面分外鮮明，或所說的兩面交相映發，作為增強語氣，明顯意義的修辭手法。如：「貪生怕死」，貪戀生存，害怕死亡，「貪生」與「怕死」前後對比。

六、錯綜

　　故意將形式整齊的格式，利用抽換詞彙、交蹉語刺、伸縮文句、變化句式的方式使它的形式參差，詞彙別異。如：「摩拳擦掌」，表達的意思是相同的，只是變換詞形讓語言更活潑。

七、對偶

　　把字數相等，語法相似，意義相關的兩個句組，單句或詞語，一前一後，成雙成對的排列在一起。如：「鳥語花香」，其中「鳥語」對「花香」；又如：「捨己救人」，其中「捨己」對「救人」。

八、摹狀

　　將人的視覺、聽覺、嗅覺、味覺、觸覺、感覺等各種感受，用直接或間接、整體或概括的摹寫對於事物情狀的修辭手法。如：「青山綠水」，青綠色的山脈、河流，透過視覺將山水的色彩描寫出來。

　　不少成語為了取得更好的表達效果，會採取兩種以上的修辭手法，如：「鳥語花香」有對偶也有對聽覺及嗅覺的摹狀。

　　接下來，我就利用以上的八種修辭手法，將康軒版國語教材中的成語以下表呈現：

表 5-1-1　成語修辭手法分析表

編號	成語	明喻 A	明喻 B	明喻 C	暗喻	借喻	誇張	借代	比擬	對照	錯綜	對偶	摹狀
1	一五一十					＊					＊	＊	
2	一目了然					＊							＊
3	一馬當先					＊							
4	一望無際					＊							＊
5	一清二楚										＊	＊	
6	一路順風												
7	一鳴驚人					＊							
8	一模一樣										＊	＊	
9	七嘴八舌					＊					＊	＊	
10	二話不說					＊							
11	人山人海				＊	＊	＊					＊	
12	人云亦云					＊						＊	
13	力透紙背					＊	＊						
14	三三兩兩					＊						＊	
15	三年五載					＊					＊	＊	
16	千千萬萬					＊						＊	
17	千辛萬苦					＊	＊				＊	＊	
18	千變萬化					＊	＊				＊	＊	
19	口若懸河	＊				＊	＊						
20	大吉大利										＊	＊	
21	大街小巷					＊				＊		＊	

編號	成語	比喻 明喻 A	B	C	暗喻	借喻	誇張	借代	比擬	對照	錯綜	對偶	摹狀
22	大開眼界					*							*
23	大禍臨頭								*				
24	小心翼翼												
25	山光水色					*					*	*	*
26	不亦樂乎												
27	不屈不撓										*	*	
28	不明不白										*	*	
29	不知不覺										*	*	
30	不知所云												
31	不約而同					*							
32	不疾不徐					*				*		*	
33	不假思索												
34	不偏不倚					*					*	*	
35	不勝枚舉					*							
36	五花八門					*					*	*	
37	五彩繽紛					*							*
38	分工合作											*	
39	切磋琢磨					*						*	
40	化險為夷					*							
41	天花亂墜					*							
42	天真爛漫												
43	引而不發					*							
44	引吭高歌												*
45	心存芥蒂					*			*				
46	心灰意冷					*						*	
47	心花怒放					*	*		*				
48	心想事成											*	
49	心滿意足					*						*	
50	手舞足蹈					*						*	*

編號	成語	比喻					誇張	借代	比擬	對照	錯綜	對偶	摹狀
		明喻			暗喻	借喻							
		A	B	C									
51	日以繼夜					*							
52	日新月異					*					*	*	
53	出奇制勝					*							
54	半信半疑									*		*	
55	半途而廢					*							
56	古色古香										*	*	*
57	四面八方					*					*	*	
58	四海一家					*				*			
59	四通八達					*					*	*	
60	左鄰右舍										*	*	
61	平鋪直敘					*					*	*	
62	打草驚蛇					*							
63	打退堂鼓					*							
64	永無止境						*						
65	生生不息					*							
66	生龍活虎					*					*	*	
67	生離死別									*		*	
68	目不暇給					*							*
69	先見之明												
70	全力以赴												
71	刎頸之交					*							
72	同心協力										*	*	
73	同甘共苦									*		*	
74	各式各樣										*	*	
75	各就各位										*	*	
76	名山大川					*					*	*	
77	名不虛傳					*							
78	合情合理										*	*	
79	回味無窮												*

修辭手法 編號	成語	比喻 明喻 A	B	C	暗喻	借喻	誇張	借代	比擬	對照	錯綜	對偶	摹狀
80	多災多難										*	*	
81	如獲至寶		*			*							
82	字裡行間					*						*	
83	守株待兔					*						*	
84	成千上萬					*					*	*	
85	成群結隊					*					*	*	
86	成雙成對					*					*	*	
87	扣人心弦					*							
88	有始有終									*		*	
89	有板有眼					*					*	*	
90	有氣無力									*		*	
91	有條有理										*	*	
92	有福同享												
93	有難同當												
94	百感交集					*	*		*				
95	老弱殘兵					*							
96	耳目一新					*							*
97	耳熟能詳					*							*
98	自由自在										*	*	
99	自言自語										*	*	
100	自怨自艾										*	*	
101	自給自足											*	
102	至理名言												
103	姹紫嫣紅					*						*	*
104	似是而非									*			
105	似曾相識												
106	克紹箕裘					*							
107	兵來將擋					*						*	
108	冷嘲熱諷									*		*	

編號	成語	比喻 明喻 A	B	C	暗喻	借喻	誇張	借代	比擬	對照	錯綜	對偶	摹狀
109	別出心裁					*							
110	判若兩人	*				*							
111	吞吞吐吐					*						*	
112	妙趣橫生					*							
113	形形色色					*						*	
114	形單影隻					*					*	*	
115	志同道合										*	*	
116	志在四方					*							
117	投桃報李					*						*	
118	抑揚頓挫					*				*		*	*
119	沈魚落雁					*	*					*	*
120	言之有物												
121	言之有理												
122	足智多謀					*						*	
123	身歷其境												*
124	並駕齊驅					*							
125	事半功倍									*		*	
126	依依不捨												
127	兩全其美												
128	刮目相看					*			*				
129	受用無窮												
130	呱呱墜地					*							*
131	固若金湯	*				*							
132	夜以繼日					*							
133	夜深人靜											*	
134	奇形怪狀										*	*	
135	奇花異草										*	*	
136	念念不忘					*							
137	招財進寶											*	

修辭手法 編號	成語	比喻 明喻 A	B	C	暗喻	借喻	誇張	借代	比擬	對照	錯綜	對偶	摹狀
138	拍案叫絕					*							*
139	於事無補					*							
140	易如反掌	*				*	*						
141	東倒西歪					*					*	*	
142	東張西望										*	*	
143	欣欣向榮					*							*
144	爭先恐後											*	
145	狐假虎威					*							
146	表裡如一					*							
147	金碧輝煌												*
148	金蟬脫殼					*							
149	雨過天青					*							*
150	青山綠水					*					*	*	
151	亭臺樓閣											*	
152	信以為真												
153	冠蓋雲集									*			
154	威震天下					*	*						
155	度日如年	*				*	*						
156	後顧之憂					*							
157	怨聲載道					*	*		*				
158	恍然大悟												
159	按部就班					*						*	
160	持之以恆												
161	拾金不昧												
162	津津有味					*							*
163	珍禽異獸										*	*	
164	相依為命												
165	相應不理					*							
166	眉開眼笑					*					*	*	*

編號	成語	比喻 明喻 A	B	C	暗喻	借喻	誇張	借代	比擬	對照	錯綜	對偶	摹狀
167	突如其來					*							
168	突飛猛進					*	*					*	
169	約定俗成												
170	美不勝收					*							*
171	美輪美奐										*	*	*
172	若無其事		*			*							
173	迫不及待												
174	重重疊疊											*	
175	面面相覷					*							*
176	借題發揮												
177	家喻戶曉					*					*	*	
178	容光煥發					*							*
179	息息相關												
180	栩栩如生	*				*							
181	氣定神閒										*	*	
182	氣喘吁吁												*
183	氣喘如牛	*					*						
184	氣勢磅礴						*						
185	浩浩蕩蕩											*	
186	真相大白												
187	神色自若												*
188	神采奕奕												*
189	神態自若												*
190	神機妙算											*	
191	茹毛飲血					*						*	
192	逃之夭夭					*							*
193	追根究底					*						*	
194	針鋒相對					*							
195	馬到成功					*							

編號	成語	明喻 A	B	C	暗喻	借喻	誇張	借代	比擬	對照	錯綜	對偶	摹狀
196	高談闊論					＊					＊	＊	
197	偷工減料					＊						＊	
198	參差不齊					＊							
199	密不透風					＊							＊
200	得心應手					＊						＊	
201	從容不迫												
202	患難之交					＊							
203	患難與共					＊							
204	悠閒自在												
205	悠閒自得												
206	情景交融					＊							＊
207	捲土重來					＊							
208	接二連三					＊					＊	＊	
209	捨己救人								＊			＊	
210	理直氣壯											＊	
211	異想天開					＊							
212	眾目睽睽												＊
213	眾叛親離											＊	
214	習以為常												
215	莫名其妙					＊							
216	貪生怕死									＊		＊	
217	趾高氣昂					＊					＊	＊	
218	魚米之鄉					＊							
219	鳥語花香					＊						＊	＊
220	喜怒哀樂					＊						＊	＊
221	喋喋不休					＊							＊
222	喃喃自語												＊
223	悲歡離合					＊						＊	
224	悶悶不樂												

編號	成語	明喻 A	明喻 B	明喻 C	暗喻	借喻	誇張	借代	比擬	對照	錯綜	對偶	摹狀
225	晴空萬里					＊	＊						＊
226	湖光山色					＊					＊	＊	＊
227	無名英雄												
228	無地自容					＊							
229	無拘無束										＊	＊	
230	無時無刻										＊	＊	
231	無理取鬧												
232	無精打采												＊
233	無影無蹤										＊	＊	
234	無緣無故										＊	＊	
235	無邊無際						＊				＊	＊	
236	畫蛇添足					＊							
237	絞盡腦汁					＊	＊						
238	絡繹不絕					＊							＊
239	跋山涉水					＊					＊	＊	
240	雲消霧散					＊					＊	＊	＊
241	順手牽羊					＊							
242	順流而下												
243	飲酒作樂											＊	
244	黑白分明					＊							＊
245	填街塞巷					＊	＊				＊	＊	
246	意猶未盡												
247	意想不到												
248	慌慌張張											＊	
249	楚楚可憐					＊							
250	源源不絕												
251	溫文儒雅											＊	
252	滔滔不絕					＊							
253	煞有其事												

修辭手法 編號	成語	比喻 明喻 A	B	C	暗喻	借喻	誇張	借代	比擬	對照	錯綜	對偶	摹狀
254	當之無愧												
255	萬馬奔騰					*	*						
256	落荒而逃												
257	蜂擁而來			*		*							
258	詩情畫意					*						*	
259	詩詞歌賦					*						*	
260	達官貴人					*						*	
261	過目不忘					*		*					
262	兢兢業業					*						*	
263	夢寐以求					*		*					
264	慘不忍睹							*					*
265	截然不同					*							
266	旗鼓相當					*							
267	漫不經心												
268	漫無目的												
269	熙熙攘攘					*						*	*
270	管鮑之交					*							
271	精雕細琢					*						*	
272	綠草如茵	*				*							
273	綿綿不斷												
274	聚沙成塔					*						*	
275	與世長辭					*							
276	輕而易舉					*							
277	酸甜苦辣					*						*	*
278	齊心協力											*	
279	層層疊疊											*	
280	彈盡糧絕					*						*	
281	憂心忡忡												*
282	摩拳擦掌					*					*	*	

編號	成語	明喻 A	B	C	暗喻	借喻	誇張	借代	比擬	對照	錯綜	對偶	摹狀
283	撥雲見日					*							
284	熱情洋溢												
285	糊里糊塗										*	*	
286	談天說地					*					*	*	
287	談虎色變					*							*
288	適者生存												
289	噤若寒蟬	*				*							
290	歷歷在目												*
291	燃眉之急				*	*	*						
292	獨一無二					*					*	*	
293	興致勃勃												
294	興高采烈					*					*	*	
295	錦上添花					*							
296	隨時隨地										*	*	
297	膽小如鼠	*				*							
298	膽戰心驚					*			*		*	*	
299	膾炙人口					*							
300	臨機應變											*	
301	舉手之勞				*	*							
302	舉世無雙					*	*						
303	鍥而不捨					*							
304	點石成金					*							
305	翻山越嶺					*					*	*	
306	離鄉背井					*						*	
307	離群索居					*						*	
308	雞飛狗跳					*			*			*	*
309	懵懵懂懂					*						*	
310	識途老馬					*							
311	難分難解					*					*	*	

修辭手法	比喻					誇張	借代	比擬	對照	錯綜	對偶	摹狀
編號 · 成語	明喻			暗喻	借喻							
	A	B	C									
312 難兄難弟					*					*	*	
313 顛撲不破					*							
314 纏綿悱惻					*						*	
315 鐵面無私								*				
316 顧名思義					*							
317 聽天由命											*	
318 鷸蚌相爭					*				*			
319 靈機一動												
320 躡手躡腳					*					*	*	*
321 讚不絕口					*							
322 鑼鼓喧天					*	*						*

根據上表的分析，可以進一步統計成語各結構類型的數量如下表，並加以說明：

表 5-1-2　成語修辭手法各類型數量表

修辭手法	比喻					誇張	借代	比擬	對照	錯綜	對偶	摹狀
	明喻			暗喻	借喻							
	A	B	C									
個數	10	2	1	3	194	24	5	9	14	70	141	54
	210											

從分析的結果可以發現，康軒版國語教材中的成語修辭手法以比喻最多，共出現了 210 次，其中又以借喻出現 194 最多；接著是對偶有 141 次；再來是錯綜出現了 70 次。另外，不帶修辭手法的成語有 49 個；只帶 1 種修辭手法的成語有 98 個；帶 2 種修辭手法

的成語有 112 個；帶 3 種修辭手法的成語有 50 個；帶 4 種修辭手法的成語有 13 個。

　　接著以冊別的角度來看，每冊國語教材中所出現的成語修辭手法可分別整理如下表：

表 5-1-3　第一冊國語教材中成語修辭手法一覽表

第一冊													
成語	比喻					誇張	借代	比擬	對照	錯綜	對偶	摹狀
	明喻			暗喻	借喻							
	A	B	C									
大街小巷					＊				＊		＊	

　　由上表可知，康軒版第一冊國語教材中成語雖然只有 1 個，但是它的修辭手法卻包括借喻、對照與對偶 3 種。

表 5-1-4　第三冊國語教材中成語修辭手法一覽表

第三冊													
成語	比喻					誇張	借代	比擬	對照	錯綜	對偶	摹狀
	明喻			暗喻	借喻							
	A	B	C									
心想事成											＊	
招財進寶											＊	
東倒西歪					＊					＊	＊	

　　由上表可知，康軒版第三冊國語教材中成語的修辭手法中，以對偶最多有 3 次。

表 5-1-5　第四冊國語教材中成語修辭手法一覽表

成語	比喻					誇張	借代	比擬	對照	錯綜	對偶	摹狀
	明喻			暗喻	借喻							
	A	B	C									
分工合作											*	
左鄰右舍										*	*	
左鄰右舍										*	*	
兩全其美												
東張西望										*	*	
青山綠水					*					*	*	
氣喘吁吁												*
難兄難弟					*					*	*	

（表頭標題列：第四冊）

　　由上表可知，康軒版第四冊國語教材中成語的修辭手法中，以對偶最多有 6 次；錯綜次之有 5 次。

表 5-1-6　第五冊國語教材中成語修辭手法一覽表

成語	比喻					誇張	借代	比擬	對照	錯綜	對偶	摹狀
	明喻			暗喻	借喻							
	A	B	C									
一五一十					*					*	*	
一馬當先					*							
三三兩兩					*						*	
不知不覺										*	*	
不知不覺										*	*	
古色古香										*	*	*
打草驚蛇					*							
生龍活虎										*	*	

（表頭標題列：第五冊）

成語	比喻					誇張	借代	比擬	對照	錯綜	對偶	摹狀
	明喻			暗喻	借喻							
	A	B	C									
生龍活虎					*					*	*	
字裡行間					*						*	
守株待兔					*						*	
守株待兔					*						*	
有始有終									*		*	
有始有終									*		*	
有氣無力									*		*	
吞吞吐吐					*						*	
身歷其境												*
表裡如一					*							
持之以恆												
氣喘如牛	*					*						
馬到成功					*							
馬到成功					*							
參差不齊					*							
無名英雄												
慌慌張張											*	
談虎色變					*							*
膽小如鼠	*				*							
膽小如鼠	*				*							
雞飛狗跳					*			*			*	*
識途老馬					*							
識途老馬					*							

表格標題：第五冊

　　由上表可知，康軒版第五冊國語教材中成語的修辭手法中，以借喻最多有 19 次；對偶次之有 16 次。

表 5-1-7　第六冊國語教材中成語修辭手法一覽表

成語	明喻 A	明喻 B	明喻 C	暗喻	借喻	誇張	借代	比擬	對照	錯綜	對偶	摹狀
一目了然					*							*
一模一樣										*	*	
人山人海				*	*	*					*	
大開眼界					*							*
山光水色					*					*	*	*
不偏不倚					*					*	*	
四面八方					*					*	*	
投桃報李					*						*	
於事無補					*							
青山綠水					*					*	*	
拾金不昧												
栩栩如生	*				*							
捨己救人								*			*	
鳥語花香					*						*	*
悶悶不樂												
雲消霧散					*					*	*	*
蜂擁而來			*		*							
過目不忘					*			*				
綿綿不斷												
點石成金					*							

　　由上表可知，康軒版第六冊國語教材中成語的修辭手法中，以借喻最多有 15 次；對偶次之有 10 次。

表 5-1-8　第七冊國語教材中成語修辭手法一覽表

成語	比喻 明喻 A	B	C	暗喻	借喻	誇張	借代	比擬	對照	錯綜	對偶	摹狀
不約而同					*							
平鋪直敘					*					*	*	
各式各樣										*	*	
自由自在										*	*	
自由自在										*	*	
至理名言												
形形色色											*	
依依不捨												
依依不捨												
依依不捨												
奇形怪狀										*	*	
重重疊疊											*	
重重疊疊											*	
從容不迫												
悠閒自在												
接二連三					*					*	*	
理直氣壯											*	
趾高氣昂					*					*	*	
晴空萬里					*	*						*
意想不到												
層層疊疊											*	
撥雲見日					*							
興高采烈					*					*	*	
興高采烈					*					*	*	
興高采烈					*					*	*	
舉手之勞				*	*							
鍥而不捨					*							

由上表可知，康軒版第七冊國語教材中成語的修辭手法中，以對偶最多有 15 次；借喻次之有 11 次。

表 5-1-9　第八冊國語教材中成語修辭手法一覽表

成語	比喻 明喻 A	B	C	暗喻	借喻	誇張	借代	比擬	對照	錯綜	對偶	摹狀
一清二楚										＊	＊	
七嘴八舌					＊					＊	＊	
三年五載					＊					＊	＊	
千變萬化					＊	＊				＊	＊	
大吉大利										＊	＊	
大開眼界					＊							＊
小心翼翼												
五彩繽紛					＊							＊
心滿意足					＊						＊	
心滿意足					＊						＊	
日新月異					＊					＊	＊	
半途而廢					＊							
半途而廢					＊							
平鋪直敘					＊					＊	＊	
永無止境						＊						
回味無窮												＊
多災多難										＊	＊	
成雙成對					＊					＊	＊	
有板有眼					＊					＊	＊	
冷嘲熱諷									＊		＊	
判若兩人	＊				＊							
志同道合										＊	＊	
度日如年	＊				＊	＊						

成語	比喻					誇張	借代	比擬	對照	錯綜	對偶	摹狀
	明喻			暗喻	借喻							
	A	B	C									
怨聲載道					*	*		*				
眉開眼笑					*					*	*	*
眉開眼笑					*					*	*	*
突飛猛進					*	*					*	
迫不及待												
浩浩蕩蕩											*	
茹毛飲血					*						*	
患難與共					*							
得心應手					*						*	
捲土重來					*							
接二連三					*					*	*	
眾叛親離											*	
貪生怕死									*		*	
無緣無故										*	*	
絞盡腦汁					*	*						
當之無愧												
摩拳擦掌					*					*	*	
鍥而不捨					*							
翻山越嶺					*					*	*	
躡手躡腳					*					*	*	*
鑼鼓喧天					*	*						*

　　由上表可知，康軒版第八冊國語教材中成語的修辭手法中，以借喻最多有 30 次；對偶次之有 27 次。

表 5-1-10　第九冊國語教材中成語修辭手法一覽表

成語	比喻 明喻 A	B	C	暗喻	借喻	誇張	借代	比擬	對照	錯綜	對偶	摹狀
一目了然					＊							＊
力透紙背					＊	＊						
千千萬萬					＊						＊	
千千萬萬					＊						＊	
千辛萬苦					＊	＊				＊	＊	
大禍臨頭								＊				
不屈不撓										＊	＊	
不明不白										＊	＊	
天花亂墜					＊							
出奇制勝					＊							
半信半疑									＊		＊	
四海一家					＊				＊			
平鋪直敘					＊							
生生不息					＊							
生生不息					＊							
合情合理										＊	＊	
成群結隊					＊					＊	＊	
自給自足											＊	
形單影隻					＊					＊	＊	
夜深人靜											＊	
念念不忘					＊							
拍案叫絕					＊							＊
欣欣向榮					＊							＊
雨過天青					＊							＊
恍然大悟												

成語	比喻					誇張	借代	比擬	對照	錯綜	對偶	摹狀
	明喻			暗喻	借喻							
	A	B	C									
相應不理					*							
相應不理					*							
約定俗成												
面面相覷												*
家喻戶曉					*					*	*	
容光煥發					*							*
神色自若												*
神色自若												*
神采奕奕												*
神態自若												*
針鋒相對					*							
高談闊論					*					*	*	
高談闊論					*					*	*	
情景交融					*							*
無時無刻										*	*	
無精打采												*
無邊無際						*				*	*	
順手牽羊					*							
順流而下												
意猶未盡												
與世長辭					*							
彈盡糧絕					*						*	
憂心忡忡												*
適者生存												
噤若寒蟬	*				*							
燃眉之急				*	*	*						
隨時隨地										*	*	
臨機應變											*	
離群索居					*						*	

第九冊											
成語	比喻					誇張	借代	比擬	對照	錯綜	對偶	摹狀
	明喻			暗喻	借喻							
	A	B	C									
顛撲不破					＊							
聽天由命											＊	
靈機一動												
靈機一動												

　　由上表可知，康軒版第九冊國語教材中成語的修辭手法中，以借喻最多有 32 次；對偶次之有 21 次。

表 5-1-11　　第十冊國語教材中成語修辭手法一覽表

第十冊											
成語	比喻					誇張	借代	比擬	對照	錯綜	對偶	摹狀
	明喻			暗喻	借喻							
	A	B	C									
一望無際					＊							＊
一清二楚										＊	＊	
口若懸河	＊				＊	＊						
不知不覺										＊	＊	
不疾不徐					＊				＊		＊	
不假思索												
切磋琢磨					＊						＊	
切磋琢磨					＊						＊	
天花亂墜					＊							
天真爛漫												
引吭高歌												＊
心花怒放					＊	＊		＊				
手舞足蹈					＊						＊	＊
生離死別									＊		＊	

成語	比喻 明喻			暗喻	借喻	誇張	借代	比擬	對照	錯綜	對偶	摹狀
	A	B	C									
目不暇給					＊							＊
先見之明												
名不虛傳					＊							
字裡行間					＊						＊	
扣人心弦					＊							
老弱殘兵					＊							
自由自在										＊	＊	
自由自在										＊	＊	
自言自語										＊	＊	
似是而非									＊			
似曾相識												
似曾相識												
克紹箕裘					＊							
兵來將擋					＊						＊	
別出心裁					＊							
抑揚頓挫					＊				＊		＊	＊
沈魚落雁					＊	＊					＊	＊
言之有物												
言之有理												
事半功倍									＊		＊	
依依不捨												
受用無窮												
呱呱墜地					＊							＊
金蟬脫殼					＊							
信以為真												
恍然大悟												
持之以恆												
相依為命												

第十冊

成語	明喻 A	明喻 B	明喻 C	暗喻	借喻	誇張	借代	比擬	對照	錯綜	對偶	摹狀
美不勝收					＊							＊
若無其事		＊			＊							
重重疊疊											＊	
氣定神閒										＊	＊	
神機妙算											＊	
逃之夭夭					＊							＊
追根究底					＊						＊	
高談闊論					＊					＊	＊	
得心應手					＊						＊	
異想天開					＊							
習以為常												
喜怒哀樂					＊						＊	＊
喃喃自語												＊
悲歡離合					＊						＊	
悶悶不樂												
無拘無束										＊	＊	
無拘無束										＊	＊	
絡繹不絕					＊							＊
跋山涉水					＊					＊	＊	
黑白分明					＊							＊
填街塞巷					＊	＊				＊	＊	
煞有其事												
萬馬奔騰					＊	＊						
詩詞歌賦					＊						＊	
夢寐以求					＊			＊				
漫不經心												
聚沙成塔					＊						＊	
聚沙成塔					＊						＊	

第十冊											
成語	比喻					誇張	借代	比擬	對照	錯綜	對偶	摹狀
	明喻			暗喻	借喻							
	A	B	C									
熱情洋溢												
糊里糊塗										*	*	
膽戰心驚					*			*		*	*	
膾炙人口					*							
翻山越嶺					*					*	*	
纏綿悱惻					*						*	
鐵面無私							*					
讚不絕口					*							

　　由上表可知，康軒版第十冊國語教材中成語的修辭手法中，以借喻最多有 43 次；對偶次之有 34 次。

表 5-1-12　第十一冊國語教材中成語修辭手法一覽表

第十一冊											
成語	比喻					誇張	借代	比擬	對照	錯綜	對偶	摹狀
	明喻			暗喻	借喻							
	A	B	C									
二話不說					*							
人云亦云					*						*	
大開眼界					*							*
不勝枚舉					*							
五花八門					*					*	*	
五彩繽紛					*							*
化險為夷					*							
引而不發					*							
心存芥蒂					*			*				
心灰意冷					*						*	

| 成語 | 比喻 | | | | | 誇張 | 借代 | 比擬 | 對照 | 錯綜 | 對偶 | 摹狀 |
| | 明喻 | | | 暗喻 | 借喻 | | | | | | | |
	A	B	C									
心滿意足					＊						＊	
日新月異					＊					＊	＊	
四通八達					＊					＊	＊	
左鄰右舍										＊	＊	
平鋪直敘					＊					＊	＊	
打退堂鼓					＊							
打退堂鼓					＊							
打退堂鼓					＊							
全力以赴												
刎頸之交					＊							
同心協力										＊	＊	
各就各位										＊	＊	
成千上萬					＊					＊	＊	
有條有理										＊	＊	
百感交集					＊	＊		＊				
耳目一新					＊							＊
奼紫嫣紅					＊						＊	＊
妙趣橫生					＊							
足智多謀					＊						＊	
身歷其境												＊
並駕齊驅					＊							
夜以繼日					＊							
奇花異草												
易如反掌	＊				＊	＊						
狐假虎威					＊							
狐假虎威					＊							
狐假虎威					＊							
狐假虎威					＊							
狐假虎威					＊							
金碧輝煌												＊

第十一冊

第十一冊											
成語	比喻					誇張	借代	比擬	對照	錯綜	對偶	摹狀
	明喻			暗喻	借喻							
	A	B	C									
亭臺樓閣											*	
冠蓋雲集							*					
按部就班					*						*	
津津有味					*							*
津津有味					*							*
珍禽異獸										*	*	
借題發揮												
息息相關												
栩栩如生	*				*							
氣勢磅礴						*						
真相大白												
莫名其妙					*							
魚米之鄉					*							
喋喋不休					*							*
湖光山色					*					*	*	*
無地自容					*							
無理取鬧												
無影無蹤										*	*	
畫蛇添足					*							
意猶未盡												
楚楚可憐					*							
溫文儒雅											*	
滔滔不絕					*							
滔滔不絕					*							
落荒而逃												
詩情畫意					*						*	
達官貴人					*						*	
慘不忍睹							*					*
截然不同					*							
旗鼓相當					*							

第十一冊											
成語	比喻					誇張	借代	比擬	對照	錯綜	對偶	摹狀
	明喻			暗喻	借喻							
	A	B	C									
漫無目的												
熙熙攘攘					*						*	*
管鮑之交					*							
精雕細琢					*						*	
輕而易舉					*							
輕而易舉					*							
憂心忡忡												*
興致勃勃												
興致勃勃												
錦上添花					*							
隨時隨地										*	*	
臨機應變											*	
舉世無雙					*	*						
離鄉背井					*						*	
難分難解					*						*	*
鷸蚌相爭					*				*			
靈機一動												

由上表可知，康軒版第十一冊國語教材中成語的修辭手法中，以借喻最多有 59 次；對偶次之有 28 次。

表 5-1-13 第十二冊國語教材中成語修辭手法一覽表

第十二冊											
成語	比喻					誇張	借代	比擬	對照	錯綜	對偶	摹狀
	明喻			暗喻	借喻							
	A	B	C									
一路順風												
一鳴驚人					*							

成語	明喻 A	明喻 B	明喻 C	暗喻	借喻	誇張	借代	比擬	對照	錯綜	對偶	摹狀
一模一樣										*	*	
千辛萬苦					*	*				*	*	
不亦樂乎												
不知所云												
日以繼夜					*							
同心協力										*	*	
同心協力										*	*	
同甘共苦									*		*	
名山大川					*					*	*	
如獲至寶		*			*							
有福同享												
有難同當												
耳熟能詳					*							*
耳熟能詳					*							*
自怨自艾										*	*	
形形色色					*						*	
志在四方					*							
依依不捨												
依依不捨												
刮目相看					*			*				
固若金湯	*				*							
拍案叫絕					*							*
爭先恐後											*	
威震天下					*	*						
後顧之憂					*							
突如其來					*							
美輪美奐										*	*	*
偷工減料					*						*	
密不透風					*							*

第十二冊

成語	比喻					誇張	借代	比擬	對照	錯綜	對偶	摹狀
	明喻			暗喻	借喻							
	A	B	C									
患難之交					*							
悠閒自得												
眾目睽睽												*
飲酒作樂											*	
意猶未盡												
意猶未盡												
源源不絕												
源源不絕												
兢兢業業					*						*	
綠草如茵	*				*							
酸甜苦辣					*						*	*
齊心協力											*	
糊里糊塗										*	*	
談天說地					*					*	*	
歷歷在目												*
獨一無二					*					*	*	
鍥而不捨					*							
懵懵懂懂					*						*	
顧名思義					*							
讚不絕口					*							

　　由上表可知，康軒版第十二冊國語教材中成語的修辭手法中，以借喻最多有 27 次；對偶次之有 19 次。

　　倘若將以上分析結果加以整理統合，便可以依冊數把康軒版國語教材中成語的修辭手法呈現如以下圖表[1]：

---

[1] 依冊數進行修辭手法分析的成語包含在教材中重複出現的成語，所以本表的成語數量與上表 5-1-2 中成語的數量不同。

表 5-1-14 各冊的成語修辭手法數量表

修辭手法		比喻					誇張	借代	比擬	對照	錯綜	對偶	摹狀	不帶修辭手法
		明喻			暗喻	借喻								
		A	B	C										
一年級	第一冊	0	0	0	0	1	0	0	0	1	0	1	0	0
	第二冊	0	0	0	0	0	0	0	0	0	0	0	0	0
二年級	第三冊	0	0	0	0	1	0	0	0	0	1	3	0	0
	第四冊	0	0	0	0	2	0	0	0	0	5	6	1	1
三年級	第五冊	3	0	0	0	19	0	0	1	3	6	16	4	2
	第六冊	1	0	1	1	15	1	1	1	1	6	10	5	3
四年級	第七冊	0	0	0	1	11	1	0	0	0	10	15	1	7
	第八冊	2	0	0	0	30	7	0	1	2	18	27	7	3
五年級	第九冊	1	0	0	1	32	4	0	1	2	12	21	13	7
	第十冊	1	1	0	0	43	5	2	2	5	14	34	13	18
六年級	第十一冊	2	0	0	0	59	4	2	3	0	14	28	13	12
	第十二冊	2	1	0	0	27	2	0	1	1	10	19	8	12
次數總計		12	2	1	3	240	24	5	9	15	96	180	65	65

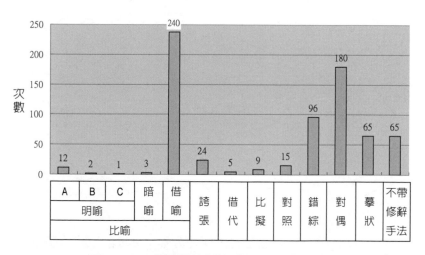

圖 5-1-1 康軒版教材中成語修辭手法分布圖

　　由上圖表可知，康軒版第一到十二冊國語教材中成語的修辭手法中，以借喻最多有 240 次；對偶次之有 180 次；接著是錯綜出現96 次；摹狀與不帶修辭手法都是 65 次；誇張有 24 次；對照有 15次；明喻 A 有 12 次；比擬有 9 次；借代有 5 次；暗喻有 3 次；明喻 B 有 2 次；明喻 C 只有 1 次。

第二節　修辭美學分析

　　成語是中華文化特有的語言寶藏，而中國人信守氣化觀，以抒情／寫實為表現系統（周慶華，2007：186），所謂落花流水皆文章，寄託實物以抒己情，使得成語具有強烈的模象美。何謂模象美？我認為周慶華利用下表將它剖判得頗有認知並予人習取的作用：

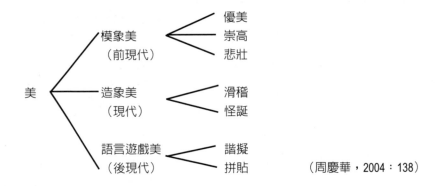

（周慶華，2004：138）

　　從上表可以知道，模象美在美學的分類中屬於前現代的範疇，包含了優美、崇高、悲壯三種類型，但中國文學中其實不乏滑稽、

怪誕等類型，也因此要將這裡所指的滑稽、怪誕與現代美中的滑稽、怪誕作個區分。造象美受到創造觀型的文化影響，以上帝作為終極信仰，相信宇宙萬物都由上帝創造與掌控，帶著原罪來到這個世界的人類終究可望回到神的身邊，唯有靠著神的恩典才能獲得永生；而神卻始終在高高的天上那般遙不可及，人類只能靠著自我的想像來塑造神的形象甚至自我救贖，在這樣的情結中，使得現代美中總是不乏通篇以滑稽、怪誕為主要表現手法的作品來一抒己情。這與中國傳統的模象美是大不相同的[2]。模象美受到氣化觀型文化的影響強調諧和自然，因此即使模象美中不乏滑稽、怪誕的類型，但只出現在局部技巧性的作為點飾之用，絕非以造象美中那樣龐大且複雜的形式出現。

　　接著，本節將利用周慶華（2004：138）所分類的美感類型，包括優美、崇高、悲壯、滑稽、怪誕五種作為分析工具，首先將各種類型說明如下：

一、優美

　　指形式的結構和諧、圓滿，可以使人產生純淨的快感。如：形容花開得鮮豔嬌美的「姹紫嫣紅」，除了其意涵優美動人，光從文字看來便帶給人一種豔麗、繽紛的視覺享受；再如青山耀眼，碧水泛波的「山光水色」，除了用來形容山水的美景佳勝富有綺麗的想像空間，其對偶的格式也帶給人一種整齊對稱的美感饗宴。

---

[2]　西方傳統的模象美全由模擬上帝造物而來，為造象美的前階。但因論述不及相關，所以並未一併帶出比較。此外，語言遊戲美部分，也是創造觀型文化所衍化出來的；但同樣無緣涉及，所以也只備而不用。

二、崇高

指形式結構龐大、變化劇烈，可以使人的情緒振奮高揚。成語本身多為四字格，並不符合結構龐大這個特徵，但卻不乏使人情緒振奮高揚近似崇高美感的成語。如：有著氣吞山河般壯闊的「氣勢磅礴」，就給人極為雄偉振奮的感受；再如形容連續不斷的「源源不絕」，一眼便有綿延不絕，無窮無盡的想像空間，引領人意氣高昂的往前邁去。

三、悲壯

指形式的結構包含有正面或英雄性格的人物遭到不應有卻又無法擺脫的失敗、死亡或痛苦，可以激起人的憐憫和恐懼等情緒。成語並非句句都以人物為主角，因此不完全符合悲壯的條件，但不少成語的字面或意涵的確能激起人的憐憫和恐懼等情緒，帶給我們近似悲壯的美感。如：「捨己救人」，這樣犧牲自己拯救他人的風範，如何不讓人肅起敬意並憐憫其生命；再如：「彈盡糧絕」，在戰場上兵器和糧草一律消耗殆盡，我們彷彿可以看見士兵在看不見尾聲的戰爭裡，面對看不見希望的未來的那份恐懼與無奈。

四、滑稽

指形式的結構含有違背常理或矛盾衝突的事物，可以引起人的喜悅和發笑。如：「自相矛盾」這種行事或言語先後不相應、互相

抵觸的故事，不禁令人莞爾；再如：「異想天開」這種不符實際、不合事理的奇特想法更容易博君一笑。

五、怪誕

指形式的結構盡是異質性事物的併置，可以使人產生荒誕不經、光怪陸離的感覺。如：「膽小如鼠」，為了形容一個人膽量極小，竟拿老鼠與人相比，真是荒誕；再如比喻騙局之大與技巧之妙的「偷天換日」，天上的太陽，是眾人所矚，竟然可以在眾目睽睽下把太陽給偷換掉，顯現朦騙功夫之高，偷換技巧之精，除此之外也帶給人一種不可思議的感覺。

接下來，我就利用以上的五種修辭美學，將康軒版國語教材中的成語以下表呈現：

表 5-2-1　成語修辭美學分析表

修辭美學類型		優美	崇高	悲壯	滑稽	怪誕
編號	成語					
1	一五一十	＊				
2	一目了然					
3	一馬當先	＊				
4	一望無際	＊				
5	一清二楚	＊				
6	一路順風	＊				
7	一鳴驚人					
8	一模一樣	＊				
9	七嘴八舌				＊'3	

3　＊'代表這條成語近似於某種修辭美學類型，而非完全等同。

修辭美學類型		優美	崇高	悲壯	滑稽	怪誕
編號	成語					
10	二話不說					
11	人山人海	＊				
12	人云亦云	＊				
13	力透紙背	＊				
14	三三兩兩	＊				
15	三年五載	＊				
16	千千萬萬	＊				
17	千辛萬苦	＊				
18	千變萬化	＊				
19	口若懸河				＊'	
20	大吉大利	＊				
21	大街小巷	＊				
22	大開眼界	＊				
23	大禍臨頭			＊'		
24	小心翼翼					
25	山光水色	＊				
26	不亦樂乎	＊				
27	不屈不撓			＊'		
28	不明不白	＊				
29	不知不覺	＊				
30	不知所云					
31	不約而同					
32	不疾不徐	＊				
33	不假思索					
34	不偏不倚	＊				
35	不勝枚舉					
36	五花八門	＊				
37	五彩繽紛	＊				
38	分工合作	＊				
39	切磋琢磨	＊				

修辭美學類型		優美	崇高	悲壯	滑稽	怪誕
編號	成語					
40	化險為夷	＊				
41	天花亂墜					＊'
42	天真爛漫	＊				
43	引而不發					
44	引吭高歌	＊				
45	心存芥蒂				＊'	
46	心灰意冷	＊				
47	心花怒放	＊				
48	心想事成	＊				
49	心滿意足	＊				
50	手舞足蹈	＊				
51	日以繼夜					
52	日新月異	＊				
53	出奇制勝	＊				
54	半信半疑	＊				
55	半途而廢					
56	古色古香	＊				
57	四面八方	＊				
58	四海一家	＊				
59	四通八達	＊				
60	左鄰右舍	＊				
61	平鋪直敘	＊				
62	打草驚蛇	＊				
63	打退堂鼓				＊'	
64	永無止境			＊'		
65	生生不息		＊'			
66	生龍活虎	＊				
67	生離死別			＊'		
68	目不暇給					＊'
69	先見之明					

修辭美學類型		優美	崇高	悲壯	滑稽	怪誕
編號	成語					
70	全力以赴			*'		
71	刎頸之交					*'
72	同心協力		*'			
73	同甘共苦	*				
74	各式各樣	*				
75	各就各位	*				
76	名山大川	*				
77	名不虛傳	*				
78	合情合理	*				
79	回味無窮	*				
80	多災多難			*'		
81	如獲至寶				*'	
82	字裡行間	*				
83	守株待兔				*'	
84	成千上萬	*				
85	成群結隊	*				
86	成雙成對	*				
87	扣人心弦	*				
88	有始有終	*				
89	有板有眼	*				
90	有氣無力	*				
91	有條有理	*				
92	有福同享		*'			
93	有難同當		*'			
94	百感交集			*'		
95	老弱殘兵			*'		
96	耳目一新	*				
97	耳熟能詳	*				
98	自由自在	*				
99	自言自語	*				

修辭美學類型		優美	崇高	悲壯	滑稽	怪誕
編號	成語					
100	自怨自艾					*'
101	自給自足	*				
102	至理名言	*				
103	奼紫嫣紅	*				
104	似是而非					*'
105	似曾相識					*'
106	克紹箕裘	*				
107	兵來將擋			*'		
108	冷嘲熱諷				*'	
109	別出心裁	*				
110	判若兩人					*'
111	吞吞吐吐				*'	
112	妙趣橫生	*				
113	形形色色	*				
114	形單影隻	*				
115	志同道合	*				
116	志在四方		*'			
117	投桃報李	*				
118	抑揚頓挫	*				
119	沈魚落雁	*				
120	言之有物	*				
121	言之有理	*				
122	足智多謀	*				
123	身歷其境	*				
124	並駕齊驅				*'	
125	事半功倍	*				
126	依依不捨	*				
127	兩全其美	*				
128	刮目相看					*'
129	受用無窮	*				

修辭美學類型		優美	崇高	悲壯	滑稽	怪誕
編號	成語					
130	呱呱墜地				*'	
131	固若金湯	*				
132	夜以繼日					
133	夜深人靜	*				
134	奇形怪狀					*'
135	奇花異草					*'
136	念念不忘	*				
137	招財進寶	*				
138	拍案叫絕	*				
139	於事無補			*'		
140	易如反掌				*'	
141	東倒西歪				*'	
142	東張西望	*				
143	欣欣向榮	*				
144	爭先恐後	*				
145	狐假虎威				*'	
146	表裡如一	*				
147	金碧輝煌	*				
148	金蟬脫殼	*				
149	雨過天青	*				
150	青山綠水	*				
151	亭臺樓閣	*				
152	信以為真					
153	冠蓋雲集	*				
154	威震天下	*				
155	度日如年				*'	
156	後顧之憂					
157	怨聲載道					*'
158	恍然大悟	*				
159	按部就班	*				

修辭美學類型		優美	崇高	悲壯	滑稽	怪誕
編號	成語					
160	持之以恆	＊				
161	拾金不昧	＊				
162	津津有味	＊				
163	珍禽異獸					＊'
164	相依為命			＊'		
165	相應不理					
166	眉開眼笑	＊				
167	突如其來					
168	突飛猛進	＊				
169	約定俗成	＊				
170	美不勝收	＊				
171	美輪美奐	＊				
172	若無其事	＊				
173	迫不及待	＊				
174	重重疊疊	＊				
175	面面相覷				＊'	
176	借題發揮					
177	家喻戶曉	＊				
178	容光煥發	＊				
179	息息相關	＊				
180	栩栩如生	＊				
181	氣定神閒	＊				
182	氣喘吁吁					
183	氣喘如牛				＊'	
184	氣勢磅礴		＊'			
185	浩浩蕩蕩		＊'			
186	真相大白	＊				
187	神色自若	＊				
188	神采奕奕	＊				
189	神態自若	＊				

修辭美學類型		優美	崇高	悲壯	滑稽	怪誕
編號	成語					
190	神機妙算	*				
191	茹毛飲血					*'
192	逃之夭夭				*'	
193	追根究底	*				
194	針鋒相對	*				
195	馬到成功	*				
196	高談闊論	*				
197	偷工減料	*				
198	參差不齊	*				
199	密不透風	*				
200	得心應手	*				
201	從容不迫	*				
202	患難之交		*'			
203	患難與共		*'			
204	悠閒自在	*				
205	悠閒自得	*				
206	情景交融	*				
207	捲土重來		*'			
208	接二連三	*				
209	捨己救人			*'		
210	理直氣壯		*'			
211	異想天開					*'
212	眾目睽睽	*				
213	眾叛親離			*'		
214	習以為常	*				
215	莫名其妙				*'	
216	貪生怕死				*'	
217	趾高氣昂	*				
218	魚米之鄉	*				
219	鳥語花香	*				

修辭美學類型		優美	崇高	悲壯	滑稽	怪誕
編號	成語					
220	喜怒哀樂	＊				
221	喋喋不休				＊'	
222	喃喃自語	＊				
223	悲歡離合	＊				
224	悶悶不樂					
225	晴空萬里	＊				
226	湖光山色	＊				
227	無名英雄		＊'			
228	無地自容				＊'	
229	無拘無束	＊				
230	無時無刻	＊				
231	無理取鬧				＊'	
232	無精打采					
233	無影無蹤	＊				
234	無緣無故					＊'
235	無邊無際	＊				
236	畫蛇添足				＊'	
237	絞盡腦汁					＊'
238	絡繹不絕	＊				
239	跋山涉水	＊				
240	雲消霧散	＊				
241	順手牽羊				＊'	
242	順流而下					
243	飲酒作樂					＊'
244	黑白分明	＊				
245	填街塞巷	＊				
246	意猶未盡	＊				
247	意想不到	＊				
248	慌慌張張	＊				
249	楚楚可憐	＊				

修辭美學類型		優美	崇高	悲壯	滑稽	怪誕
編號	成語					
250	源源不絕		*'			
251	溫文儒雅	*				
252	滔滔不絕		*'			
253	煞有其事					
254	當之無愧		*'			
255	萬馬奔騰		*'			
256	落荒而逃				*'	
257	蜂擁而來					*'
258	詩情畫意	*				
259	詩詞歌賦	*				
260	達官貴人	*				
261	過目不忘	*				
262	兢兢業業	*				
263	夢寐以求	*				
264	慘不忍睹			*'		
265	截然不同	*				
266	旗鼓相當	*				
267	漫不經心				*'	
268	漫無目的	*				
269	熙熙攘攘	*				
270	管鮑之交	*				
271	精雕細琢	*				
272	綠草如茵	*				
273	綿綿不斷		*'			
274	聚沙成塔	*				
275	與世長辭			*'		
276	輕而易舉	*				
277	酸甜苦辣	*				
278	齊心協力		*'			
279	層層疊疊	*				

編號	成語	優美	崇高	悲壯	滑稽	怪誕
280	彈盡糧絕			*'		
281	憂心忡忡					
282	摩拳擦掌	*				
283	撥雲見日					*'
284	熱情洋溢	*				
285	糊里糊塗				*'	
286	談天說地	*				
287	談虎色變	*				
288	適者生存	*				
289	噤若寒蟬				*'	
290	歷歷在目	*				
291	燃眉之急				*'	
292	獨一無二	*				
293	興致勃勃	*				
294	興高采烈	*				
295	錦上添花	*				
296	隨時隨地	*				
297	膽小如鼠					*'
298	膽戰心驚					*'
299	膾炙人口	*				
300	臨機應變	*				
301	舉手之勞	*				
302	舉世無雙	*				
303	鍥而不捨		*'			
304	點石成金	*				
305	翻山越嶺	*				
306	離鄉背井			*'		
307	離群索居					*'
308	雞飛狗跳				*'	
309	懵懵懂懂				*'	

表頭為「修辭美學類型」

修辭美學類型		優美	崇高	悲壯	滑稽	怪誕
編號	成語					
310	識途老馬	＊				
311	難分難解			＊'		
312	難兄難弟			＊'		
313	顛撲不破	＊				
314	纏綿悱惻	＊				
315	鐵面無私		＊'			
316	顧名思義	＊				
317	聽天由命			＊'		
318	鷸蚌相爭					＊'
319	靈機一動	＊				
320	躡手躡腳				＊'	
321	讚不絕口	＊				
322	鑼鼓喧天	＊				

根據上表的分析，可以進一步統計成語各結構類型的數量如下表，並加以說明：

表 5-2-2　成語修辭美學各類型數量表

修辭美學類型	優美	崇高	悲壯	滑稽	怪誕
次數	203	20	20	32	23

由上表可以看出，康軒版國語教材中的成語修辭美學以優美最多，共出現了 203 次；其次是近似滑稽出現了 32 次；接著分別是近似怪誕 23 次；近似崇高和近似悲壯各出現 20 次。另外，不含美學類型的成語有 24 個。

接著以冊別的角度來看，每冊國語教材中所出現的成語修辭美學可分別整理如下表：

表 5-2-3　第一冊國語教材中成語修辭美學一覽表

第一冊					
成語	優美	崇高	悲壯	滑稽	怪誕
大街小巷	＊				

　　由上表可知，康軒版第一冊國語教材中成語的修辭美學類型，只有優美出現 1 次。

表 5-2-4　第三冊國語教材中成語修辭美學一覽表

第三冊					
成語	優美	崇高	悲壯	滑稽	怪誕
心想事成	＊				
招財進寶	＊				
東倒西歪				＊'	

　　由上表可知，康軒版第三冊國語教材中成語的修辭美學類型中，以優美最多有 3 次；近似滑稽次之有 1 次。

表 5-2-5　第四冊國語教材中成語修辭美學一覽表

第四冊					
成語	優美	崇高	悲壯	滑稽	怪誕
分工合作	＊				
左鄰右舍	＊				
左鄰右舍	＊				
兩全其美	＊				
東張西望	＊				
青山綠水	＊				
氣喘吁吁					
難兄難弟			＊'		

　　由上表可知，康軒版第四冊國語教材中成語的修辭美學類型中，以優美最多有 6 次；近似悲壯次之有 1 次。

表 5-2-6　第五冊國語教材中成語修辭美學一覽表

第五冊					
成語	優美	崇高	悲壯	滑稽	怪誕
一五一十	＊				
一馬當先	＊				
三三兩兩	＊				
不知不覺					
不知不覺					
古色古香	＊				
打草驚蛇	＊				
生龍活虎	＊				
生龍活虎	＊				
字裡行間	＊				
守株待兔				＊'	
守株待兔				＊'	
有始有終	＊				
有始有終	＊				
有氣無力	＊				
吞吞吐吐				＊'	
身歷其境	＊				
表裡如一	＊				
持之以恆	＊				
氣喘如牛				＊'	
馬到成功	＊				
馬到成功	＊				
參差不齊	＊				
無名英雄		＊'			
慌慌張張	＊				

談虎色變	*				
膽小如鼠					*'
膽小如鼠					*'
雞飛狗跳				*'	
識途老馬	*				
識途老馬	*				

　　由上表可知，康軒版第五冊國語教材中成語的修辭美學類型中，以優美最多有 21 次；近似滑稽次之有 5 次。

表 5-2-7　第六冊國語教材中成語修辭美學一覽表

第六冊					
成語	優美	崇高	悲壯	滑稽	怪誕
一目了然					
一模一樣	*				
人山人海	*				
大開眼界	*				
山光水色	*				
不偏不倚	*				
四面八方	*				
投桃報李	*				
於事無補			*'		
青山綠水	*				
拾金不昧	*				
栩栩如生	*				
捨己救人			*'		
鳥語花香	*				
悶悶不樂					
雲消霧散	*				
蜂擁而來					*'

過目不忘	＊			
綿綿不斷		＊'		
點石成金	＊			

　　由上表可知，康軒版第六冊國語教材中成語的修辭美學類型中，以優美最多有 14 次；近似悲壯次之有 2 次。

表 5-2-8　第七冊國語教材中成語修辭美學一覽表

第七冊					
成語	優美	崇高	悲壯	滑稽	怪誕
不約而同	＊				
平鋪直敘	＊				
各式各樣	＊				
自由自在	＊				
自由自在	＊				
至理名言	＊				
形形色色	＊				
依依不捨	＊				
依依不捨	＊				
依依不捨	＊				
奇形怪狀					＊'
重重疊疊	＊				
重重疊疊	＊				
從容不迫	＊				
悠閒自在	＊				
接二連三	＊				
理直氣壯		＊'			
趾高氣昂	＊				
晴空萬里	＊				
意想不到	＊				

層層疊疊	＊			
撥雲見日				＊'
興高采烈	＊			
興高采烈	＊			
興高采烈	＊			
舉手之勞	＊			
鍥而不捨		＊'		

　　由上表可知，康軒版第七冊國語教材中成語的修辭美學類型中，以優美最多有 23 次；近似怪誕次之有 2 次。

表 5-2-9　第八冊國語教材中成語修辭美學一覽表

第八冊					
成語	優美	崇高	悲壯	滑稽	怪誕
一清二楚	＊				
七嘴八舌				＊'	
三年五載	＊				
千變萬化	＊				
大吉大利	＊				
大開眼界	＊				
小心翼翼					
五彩繽紛	＊				
心滿意足	＊				
心滿意足	＊				
日新月異	＊				
半途而廢					
半途而廢					
平鋪直敘	＊				
永無止境			＊'		
回味無窮	＊				

成語					
多災多難			*'		
成雙成對	*				
有板有眼	*				
冷嘲熱諷				*'	
判若兩人					*'
志同道合	*				
度日如年				*'	
怨聲載道					*'
眉開眼笑	*				
眉開眼笑	*				
突飛猛進	*				
迫不及待	*				
浩浩蕩蕩		*'			
茹毛飲血					*'
得心應手	*				
患難與共		*'			
捲土重來		*'			
接二連三	*				
眾叛親離			*'		
貪生怕死				*'	
無緣無故					*'
絞盡腦汁					*'
當之無愧		*'			
摩拳擦掌	*				
鍥而不捨		*'			
翻山越嶺	*				
躡手躡腳				*'	
鑼鼓喧天	*				

　　由上表可知，康軒版第八冊國語教材中成語的修辭美學類型中，以優美最多有 23 次；近似崇高、近似滑稽和近似怪誕次之各有 5 次。

表 5-2-10　第九冊國語教材中成語修辭美學一覽表

第九冊					
成語	優美	崇高	悲壯	滑稽	怪誕
一目了然					
力透紙背	＊				
千千萬萬	＊				
千千萬萬	＊				
千辛萬苦	＊				
大禍臨頭			＊'		
不屈不撓			＊'		
不明不白	＊				
天花亂墜					＊'
出奇制勝	＊				
半信半疑	＊				
四海一家	＊				
平鋪直敘	＊				
生生不息		＊'			
生生不息		＊'			
合情合理	＊				
成群結隊	＊				
自給自足	＊				
形單影隻	＊				
夜深人靜	＊				
念念不忘	＊				
拍案叫絕	＊				
欣欣向榮	＊				
雨過天青	＊				
恍然大悟	＊				
相應不理					
相應不理					
約定俗成	＊				
面面相覷				＊'	

家喻戶曉	*				
容光煥發	*				
神色自若	*				
神色自若	*				
神采奕奕	*				
神態自若	*				
針鋒相對	*				
高談闊論	*				
高談闊論	*				
情景交融	*				
無時無刻	*				
無精打采					
無邊無際	*				
順手牽羊				*'	
順流而下					
意猶未盡	*				
與世長辭			*'		
彈盡糧絕			*'		
憂心忡忡					
適者生存	*				
噤若寒蟬				*'	
燃眉之急				*'	
隨時隨地	*				
臨機應變	*				
離群索居					*'
顛撲不破	*				
聽天由命			*'		
靈機一動	*				
靈機一動	*				

　　由上表可知，康軒版第九冊國語教材中成語的修辭美學類型中，以優美最多有 39 次；近似悲壯次之有 5 次。

表 5-2-11　第十冊國語教材中成語修辭美學一覽表

第十冊					
成語	優美	崇高	悲壯	滑稽	怪誕
一望無際	*				
一清二楚	*				
口若懸河				*'	
不知不覺	*				
不疾不徐	*				
不假思索					
切磋琢磨	*				
切磋琢磨	*				
天花亂墜					*'
天真爛漫	*				
引吭高歌	*				
心花怒放	*				
手舞足蹈	*				
生離死別			*'		
目不暇給					*'
先見之明					
名不虛傳	*				
字裡行間	*				
扣人心弦	*				
老弱殘兵			*'		
自由自在	*				
自由自在	*				
自言自語	*				
似是而非					*'
似曾相識					*'
似曾相識					*'
克紹箕裘	*				
兵來將擋			*'		

第十冊					
成語	優美	崇高	悲壯	滑稽	怪誕
別出心裁	＊				
抑揚頓挫	＊				
沈魚落雁	＊				
言之有物	＊				
言之有理	＊				
事半功倍	＊				
依依不捨	＊				
受用無窮	＊				
呱呱墜地				＊'	
金蟬脫殼	＊				
信以為真					
恍然大悟	＊				
持之以恆	＊				
相依為命			＊'		
美不勝收	＊				
若無其事	＊				
重重疊疊	＊				
氣定神閒	＊				
神機妙算	＊				
逃之夭夭				＊'	
追根究底	＊				
高談闊論	＊				
得心應手	＊				
異想天開					＊'
習以為常	＊				
喜怒哀樂	＊				
喃喃自語	＊				
悲歡離合	＊				
悶悶不樂					
無拘無束	＊				

第十冊					
成語	優美	崇高	悲壯	滑稽	怪誕
無拘無束	＊				
絡繹不絕	＊				
跋山涉水	＊				
黑白分明	＊				
填街塞巷	＊				
煞有其事					
萬馬奔騰		＊'			
詩詞歌賦	＊				
夢寐以求	＊				
漫不經心				＊'	
聚沙成塔	＊				
聚沙成塔	＊				
熱情洋溢	＊				
糊里糊塗				＊'	
膽戰心驚					＊'
膾炙人口	＊				
翻山越嶺	＊				
纏綿悱惻	＊				
鐵面無私		＊'			
讚不絕口	＊				

　　由上表可知，康軒版第十冊國語教材中成語的修辭美學類型中，以優美最多有 55 次；近似怪誕次之有 7 次。

　　表 5-2-12　第十一冊國語教材中成語修辭美學一覽表

第十一冊					
成語	優美	崇高	悲壯	滑稽	怪誕
二話不說					

第十一冊					
成語	優美	崇高	悲壯	滑稽	怪誕
人云亦云	*				
大開眼界	*				
不勝枚舉					
五花八門	*				
五彩繽紛	*				
化險為夷	*				
引而不發					
心存芥蒂				*'	
心灰意冷	*				
心滿意足	*				
日新月異	*				
四通八達	*				
左鄰右舍	*				
平鋪直敘	*				
打退堂鼓				*'	
打退堂鼓				*'	
打退堂鼓				*'	
全力以赴			*'		
刎頸之交					*'
同心協力		*'			
各就各位	*				
成千上萬	*				
有條有理	*				
百感交集			*'		
耳目一新	*				
姹紫嫣紅	*				
妙趣橫生	*				
足智多謀	*				
身歷其境	*				
並駕齊驅				*'	

第十一冊					
成語	優美	崇高	悲壯	滑稽	怪誕
夜以繼日					
奇花異草					*'
易如反掌				*'	
狐假虎威				*'	
狐假虎威				*'	
狐假虎威				*'	
狐假虎威				*'	
狐假虎威				*'	
金碧輝煌	*				
亭臺樓閣	*				
冠蓋雲集	*				
按部就班	*				
津津有味	*				
津津有味	*				
珍禽異獸					*'
借題發揮					
息息相關	*				
栩栩如生	*				
氣勢磅礴		*'			
真相大白	*				
莫名其妙				*'	
魚米之鄉	*				
喋喋不休				*'	
湖光山色	*				
無地自容				*'	
無理取鬧				*'	
無影無蹤	*				
畫蛇添足				*'	
意猶末盡	*				
楚楚可憐	*				

第十一冊					
成語	優美	崇高	悲壯	滑稽	怪誕
溫文儒雅	*				
滔滔不絕		*'			
滔滔不絕		*'			
落荒而逃				*'	
詩情畫意	*				
達官貴人	*				
慘不忍睹			*'		
截然不同	*				
旗鼓相當	*				
漫無目的	*				
熙熙攘攘	*				
管鮑之交	*				
精雕細琢	*				
輕而易舉	*				
輕而易舉	*				
憂心忡忡					
興致勃勃	*				
興致勃勃	*				
錦上添花	*				
隨時隨地	*				
臨機應變	*				
舉世無雙	*				
離鄉背井			*'		
難分難解			*'		
鷸蚌相爭					*'
靈機一動	*				

　　由上表可知，康軒版第十一冊國語教材中成語的修辭美學類型中，以優美最多有 51 次；近似滑稽次之有 17 次。

表 5-2-13　第十二冊國語教材中成語修辭美學一覽表

第十二冊					
成語	優美	崇高	悲壯	滑稽	怪誕
一路順風	*				
一鳴驚人					
一模一樣	*				
千辛萬苦	*				
不亦樂乎	*				
不知所云					
日以繼夜					
同心協力		*'			
同心協力		*'			
同甘共苦	*				
名山大川	*				
如獲至寶				*'	
有福同享		*'			
有難同當		*'			
耳熟能詳	*				
耳熟能詳	*				
自怨自艾					*'
形形色色	*				
志在四方		*'			
依依不捨	*				
依依不捨	*				
刮目相看					*'
固若金湯	*				
拍案叫絕	*				
爭先恐後	*				
威震天下	*				
後顧之憂					
突如其來					
美輪美奐	*				

偷工減料	*			
密不透風	*			
患難之交		*'		
悠閒自得	*			
眾目睽睽	*			
飲酒作樂				*'
意猶未盡	*			
意猶未盡	*			
源源不絕		*'		
源源不絕		*'		
兢兢業業	*			
綠草如茵	*			
酸甜苦辣	*			
齊心協力		*'		
糊里糊塗			*'	
談天說地	*			
歷歷在目	*			
獨一無二	*			
鍥而不捨		*'		
懵懵懂懂			*'	
顧名思義	*			
讚不絕口	*			

　　由上表可知，康軒版第十二冊國語教材中成語的修辭美學類型中，以優美最多有 30 次；近似崇高次之有 10 次。

　　倘若將以上分析結果加以整理統合，便可以依冊數把康軒版國語教材中成語的修辭美學類型呈現如以下圖表[4]：

---

[4]　依冊數進行修辭美學分析的成語包含在教材中重複出現的成語，所以本表的成語數量與上表 5-2-2 中成語的數量不同。

表 5-2-14　各冊的成語修辭美學數量表

修辭美學類型		優美	崇高	悲壯	滑稽	怪誕	不含美學類型
一年級	第一冊	1	0	0	0	0	0
	第二冊	0	0	0	0	0	0
二年級	第三冊	2	0	0	1	0	0
	第四冊	6	0	1	0	0	1
三年級	第五冊	21	1	0	5	2	2
	第六冊	14	1	2	0	1	2
四年級	第七冊	23	1	0	0	2	0
	第八冊	23	5	3	5	5	3
五年級	第九冊	39	2	5	4	2	6
	第十冊	55	2	4	5	7	4
六年級	第十一冊	51	4	5	17	4	5
	第十二冊	30	10	0	3	3	5
總計		265	26	20	40	26	28

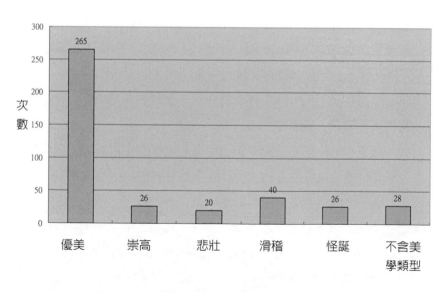

圖 5-2-1　康軒版教材中成語修辭美學分布圖

　　由上圖表可知，康軒版第一到十二冊國語教材中成語的修辭美學類型中，以優美最多有 265 次；滑稽偶次之有 40 次；接著是崇高和怪誕出現 26 次；悲壯 20 次。另外，不含美學類型有 28 次。

第三節　小結

　　分析完國小一到六年級康軒版國語教材中的成語後，發現以下兩個現象：第一，在成語的修辭手法方面，首先是教材中的成語帶有暗喻手法的比例很高，再來是對偶，這兩種與其他手法的數量相比，比例相差懸殊；其次是不論在那個年段，教材中包含的修辭手法都不平均完整，也沒有任何一種手法是各冊中都曾出現過。分別論述如下：教材中的成語帶有暗喻手法的比例很高，再來是對偶，這兩種與其他手法的數量相比，比例相差懸殊：康軒版教材中的 322 個成語中，暗喻出現的次數高達 237 次，佔了 74%左右，我們幾乎可以這樣說：平均每 4 個成語就有 3 個帶有暗喻的手法，這是非常驚人的數量。原因在於漢語中的成語來源多樣，包含神話、寓言、典籍等，後人多以其蘊藏或衍生的意涵應用在書面或口語文字上，使成語多具有雙重意涵，也就是字面意義和語內意義不完全相同。這樣一來成語本身便理所當然成為完整的喻體，不需搭配任何本體與比喻詞就可達到雙重意涵的效果。其次是出現了 180 次的對偶，佔了 56%，也是超過一半以上。對偶會這麼頻繁的出現，除了和自然界的事物總是成雙成對，如：天地、冷熱、大小、雄雌、陰陽……等，賦予人們欣賞對稱美的條件和能力外，還與漢語言文字

屬於單音節，且語素、音節、漢字三位一體，使得漢語詞句容易整齊畫一，稍加組合就可成偶，而對偶不僅可以美化語言形式，也可以強化內容信息讓讀者更容易留下深刻的印象。（王文松，1994）總括來說，暗喻與對偶是康軒版國語教材的成語中出現次數最頻繁的修辭手法，幾乎是每冊都會大量的出現，無非是教學者在進行這類修辭手法的最佳工具。相較起來其他修辭手法如：明喻、摹狀、誇張等，在數量上就略顯單薄，需要教學者自行補充，才能讓學生達到均衡且充分的學習效果。至於不論在那個年段，教材中包含的修辭手法都不平均完整，也沒有任何一種手法是各冊中都曾出現過：如以上所述，修辭手法即使如暗喻與對偶的數量這麼多，但仍非冊冊能見它們的蹤影，除非排除未包含任何成語的第二冊。以縱向面來看，暗喻和對偶兩種修辭手法大致是隨著年段越高，成語數量越多，所佔的比例也越高的規則在走。但就橫向面來看，每冊包含的修辭手法類型很不平均，甚至到了高年段還是沒有任何一冊完整包含了所有修辭手法，這是我認為比較可惜的一點。

　　第二，在成語的修辭美學方面，首先是教材中的成語屬於優美類型的比例很高，和其他的類型相比，比例相當懸殊；其次是年段愈高，教材中所包含的美學類型就愈完整。分別論述如下：教材中的成語屬於優美類型的比例很高，和其他的類型相比，比例相當懸殊：優美這個類型在 322 個成語中，共出現 265 次，佔了 82.3% 的比例，也可以說每 5 個成語就有 4 個，在形式上或是意涵上是屬於優美類型。相較之下，崇高、悲壯、滑稽、怪誕四種類型的數量就少得可憐，是否會讓學習者養成偏食的習慣，喪失對其他美學型態的敏銳度及感受力，是值得我們思考的課題。至於年段愈高，教材中所包含的美學類型就愈完整：這是以縱向的角度來看，就如上一

段提到的優美類型的成語大量充斥在教材中，明顯排擠了其他類型的成語。但值得慶幸的是，其他類型雖然出現次數不多，但仍舊有露臉的機會，從第八冊到第十一冊，也就是四年級下學期到六年級上學期這四冊教材，都分布著優美、崇高、悲壯、滑稽、怪誕五種類型，甚至提供學習者不含美學類型的成語。這對於美感辨識能力趨於成熟敏銳的中高年級學生來說，無非是提供各式各樣不同類型的素材作為比較之用，即使數量上是懸殊的。比較特別的是第十二冊，因為臺灣教育學制的關係，六年級下學期通常會提早在六月中畢業，因此教材所收編的課數變少，內容少了包含的成語相對的也會減少，因此在第本冊中並未收錄悲壯類型的成語。

第六章　成語的角色扮演

第一節　成語數量在國語教材中
　　　　　的角色扮演

　　根據第三章的研究結果，可以知道整篇課文中都沒有出現成語的有 69 課；課文中出現 1 個成語的有 37 課；課文中出現 2 個成語的有 16 課；課文中出現 3 個成語的有 12 課；課文中出現 4 個成語的有 6 課；課文中出現 5 個成語的有 4 課；課文中出現 6 個成語的有 5 課；課文中出現 7 個成語的有 2 課；課文中出現 8 個成語的有 3 課；課文中出現 9 個成語的有 2 課；課文中出現 10 個成語的有 4 課。這樣看來，康軒版國語教材的成語數量並不是非常足夠，一篇課文的平均字數約為 350 至 500 字，康軒版的十二冊國語教材共 160 篇課文裡，只出現 1 至 2 個成語甚至一個成語也沒有的課數高達 122 課，佔了 76% 這樣高的比例。也就是說，每四課中就有 3 課是只出現一兩個成語甚至是沒有成語的文章；即使把較不適宜放進成語的低年段扣除，成語數量偏少的的課數依舊高達 66% 超過半數許多。

　　成語的語意層次大多比一般語彙豐富，當語文學習者從低年段較為初階進階到中高年級所應具有中、高程度時，關鍵在於詞彙量的大幅增加。從這個角度來看，教材所提供的成語數量當然是越多越好。但缺乏成語的文章是否就沒有內涵？大量的堆砌成語難道不會產生文過於實的弊病嗎？本節要探討的是成語的數量對文本的

影響，不同數量的成語在文本中扮演的角色是否會有差異？我作了
以下的探討。

　　成語像一條捷徑，可以讓讀者迅速進入作者要講的話語中、融
入作者營造的情境裡。另外，教材是學生學習語文的重要工具，編
輯者應該在教材中融入成語，讓學習者有更多機會接觸成語。因
此，我站在讓學生多接觸成語的角度，試著在下面列舉的課文片
段，以不改變原文意思的前提下加上成語，希望藉此凸顯成語在文
本中所扮演的角色。

> 　　下午，爸爸和媽媽帶我們到田裡玩，我們在綠色的田野間跑
> 跑跳跳，好像快樂的小魚，在綠色的海洋中游來游去。一陣
> 風吹過，帶來淡淡的青草香味，真是令人陶醉。（摘自康軒
> 版第四冊國語，41）

　　我認為在游來游去前加上「自由自在」這個成語，不僅可以呼
應「快樂」的小魚，也可以把文本的視野拉得更加遼闊。

> 　　逛完了九曲巷，我們再去參觀那口著名的「半邊井」。紅磚
> 砌成的半邊井，一半在牆內，一半在牆外，好奇怪呵！奶奶
> 說鹿港人很有人情味，有些人把井挖在牆腳下，讓沒錢挖井
> 的人，也能打水來喝。奶奶還說，她就是喝這一口井的水長
> 大的，我聽了很感動。（摘自康軒版第五冊國語，36）

著名不妨替換成「大名鼎鼎」，強調「半邊井」的存在感。

> 　　哇！陽光好亮。陽臺的盆景，冒出了點點綠芽，四周長滿細
> 細的雜草。角落那盆日日春，開了幾朵粉紅色的小花，兩隻

小白蝶正在花間飛上飛下。路旁的行道樹，也抽出了嫩綠的葉子，在微風中輕輕搖著。春天，真的來了。（摘自康軒版第六冊國語，8）

建議在最後一句的春天之前加上「生意盎然」來作為總結，呼應前文描述的種種生機，讓整個段落富有動感。

在日常生活中，我們所使用的物品，大大小小，數也數不清，都是人們靠著「好點子」發明出來的。這些物品，使我們的工作省時省力，也使我們的生活更方便，更舒適。（摘自康軒版第六冊國語，34）

建議在省時省力之後加上利用「事半功倍」，來濃縮整個段落的意思。

一年一度的五月五龍船賽就要開始了。冬山河兩旁擠滿了人潮，到處都是人們歡笑的聲音。我和弟弟擠在人潮中，向坐在龍船裡的叔叔招手。（摘自康軒版第八冊國語，52）

擠滿了人潮可替換成「人山人海」，不僅更能勾勒出熱鬧非凡的畫面，也可以避免「人潮」一詞重複出現。

由上面的例子不難發現，利用成語點綴文句，可以達到美化句子的功效。的確，句子中加入成語，大多時候可以讓文意更加生動，也能讓學習者增加練習的機會。但有時太短的句子，本身意思的延展性不夠語意範圍不夠廣，加入了成語，反而給人多此一舉或語意不清的感覺。以下面的教材片段為例：

　　　整個事件要前後連貫，合情合理。（摘自康軒版第九冊國語，
　　　84）

　　從這個句子中看不出「合情合理」和「前後連貫」有什麼關係，
「合情合理」突然出現模糊了語意。

　　　他的爸爸是醫生，他想克紹箕裘，將來也當個醫生。（摘自
　　　康軒版第十冊國語，21）

　　「克紹箕裘」太過文言，出現在這普通直敘的短句中，感覺不
太協調。

　　　米羅的作品充滿了異想天開的想像。（摘自康軒版第十冊國
　　　語，70）

　　「異想天開」指的是不符實際、不合事理的奇特想法，多少帶
有貶義，在這裡用來形容米羅，讓人感覺不出有讚美的意味，並不
是非常恰當的用法。

　　　對比的文句，和諧的音韻，反覆回繞的旋律，把離情別緒表
　　　達得多麼貼切，多麼扣人心弦啊！（摘自康軒版第十冊國
　　　語，76）

　　整個句子讀起來太過文謅謅，不太流暢，像是在堆砌文字，最
後又放進「扣人心弦」這個成語，更讓人有為文造情的感覺。
　　成語不僅可以單獨出現在句子中，如果接二連三的排列，有時
可以扮演加深語意、強化語氣的角色。以下面的教材片段為例：

百貨公司開幕那天，人群從四面八方蜂擁而來。（摘自康軒版第六冊國語，60）

「四面八方」接著「蜂擁而來」帶給人一種熱鬧壯觀且動感十足的視覺效果。

因為媽媽做的飯盒千變萬化，所以每次校外教學前幾天，同學們都會好奇的問我：「這次你媽媽又有什麼新花樣？」我總是神氣的回答：「讓你們猜啊！」我非常感謝媽媽，不但讓大家吃得心滿意足，眉開眼笑，也為校外教學帶來更多歡樂。（摘自康軒版第八冊國語，35）

內心的「心滿意足」加上外表的「眉開眼笑」，內外兼顧更能傳達文意中喜悅的感受。

儘管他說得天花亂墜，大家還是半信半疑。（摘自康軒版第九冊國語，20）

「天花亂墜」和「半信半疑」形成態度上的對比，短短一句話，有兩種不同的感受。

敵我實力懸殊，眼看就要面臨彈盡糧絕的窘境，城中的官兵和百姓，個個憂心忡忡，不知如何是好。（摘自康軒版第九冊國語，22）

物質的「彈盡糧絕」和人心的「憂心忡忡」，人與物同時面臨窘境，也互為因果。

簡短有力的結尾，可以引發共鳴，讓讀者有意猶未盡、拍案
叫絕的感受。（摘自康軒版第九冊國語，40）

「意猶未盡」和「拍案叫絕」一動一靜互相搭配，更能強調那
份感動。

對於流傳了千百年的傳統觀念，或者權威人士所提出的看
法，我們常常會不假思索，信以為真。（摘自康軒版第十冊
國語，56）

「不假思索」的去「信以為真」，強化了信任的程度。

米羅的畫讓我們體會到現代藝術的樂趣，原來可以用線條、
圖形和色彩，無拘無束的創作，自由自在的揮灑，傳達我們
的感覺和想像。（摘自康軒版第十冊國語，72）

「無拘無束」和「自由自在」意思相近，利用文句對偶的方式
出現，營造奔放的感覺。

戲是人生，人生就是一場戲，所有的悲歡離合、喜怒哀樂都
在戲裡呈現。（摘自康軒版第十冊國語，82）

「悲歡離合」和「喜怒哀樂」八個字，完整了人生的歷程。
接連出現的成語雖然可以扮演加深語意、強化語氣的角色。但
有時連續使用卻會給人多餘的感覺，以下面的教材片段為例：

「一分耕耘，一分收穫」是一句顛撲不破的至理名言。（摘
自康軒版第九冊國語，20）

既然是「至理名言」，「顛撲不破」便有些多餘。

> 哥哥看起來神采奕奕，容光煥發。（摘自康軒版第九冊國語，101）

「神采奕奕」和「容光煥發」意思雷同，在十來個字的短句中，給人累贅的感覺。

> 古時交通不便，到遠方任職，總要三、五個月的行程，途中不但要跋山涉水、翻山越嶺，路經人煙稀少的荒山野地，還得提防盜匪打劫。（摘自康軒版第十冊國語，75～76）

「跋山涉水」與「翻山越嶺」意思相近，接連出現或許有加強路程艱辛的感覺，但只選用其中一個在語意上似乎也不會有多大的差異。

從以上的例子可以了解，成語的數量應該要恰到好處，太過或不及都會使得文句的美感大打折扣。接著，我從康軒版國語教材中摘錄了幾則文句，其中含有一至數個不等的成語，這些文句中成語的數量都帶給人穠纖合度的感覺。分別說明如下：

首先是帶有一個成語的短句：

> 河邊有三三兩兩的牛羊，正低著頭吃草。（摘自康軒版第五冊國語，15）

> 面對五彩繽紛的美景，要怎樣下筆描寫才生動呢？（摘自康軒版第八冊國語，78）

經過千辛萬苦，醫院終於落成了。（摘自康軒版第九冊國語，27）

獨裁統治的社會老百姓都噤若寒蟬，不敢表達自己的意見。（摘自康軒版第九冊國語，20）

這些句子的成語都出現在開頭，扮演破題的角色。這種利用成語直接點出句子的主題，讓語境變得較為明朗，接著便不需要太多的文字來敘述，就可以讓人一目了然。

叔叔那隊去年慘遭淘汰，這次捲土重來，他們苦練了好久，希望今年能夠得到錦標。（摘自康軒版第八冊國語，53）

歷史上的發明與發現，對人類的貢獻時太大了。例如：古代人發現了「火」，利用火來照明、取暖、煮食，於是人類從茹毛飲血的生食時代，進步到熟食時代。（摘自康軒版第八冊國語，73）

由於表姊的指導，使我的成績突飛猛進，我的心中充滿了感激。（摘自康軒版第八冊國語，93）

在日常生活中，難免會遇到一些尷尬的場面，有些人會選擇「硬碰硬」的方法「罵」回去，或者選擇「相應不理」的方法，當作沒這回事，以免升高衝突。（摘自康軒版第九冊國語，19）

漸漸的，我的工作愈來愈得心應手，再也不會忙得團團轉了。（摘自康軒版第十冊國語，12）

林肯重視大眾對他的批評，即使當眾挨罵，只要言之有理，一定樂於聽取。（摘自康軒版第十冊國語，23）

為了研究昆蟲，他甚至還在家裡布置各式各樣的養殖箱，以便觀察昆蟲的各種生態。（摘自康軒版第七冊國語，53）

　　這幾個句子的成語都出現在中段，扮演承接下文的角色。利用成語來作句子的連接成分或作為補充說明的用法，讓句子讀起來更加通順流暢。

我們的老家在鹿港，那裡的建築古色古香。（摘自康軒版第五冊國語，34）

學習作文如果能根據一定的步驟，思考後再謹慎下筆，就可以得心應手。（摘自康軒版第八冊國語，40）

昨天，我到書店要買一個鉛筆盒還你，卻找不到一模一樣的。（摘自康軒版第六冊國語，74）

小寶在操場跑步時，常常覺得頭暈，而且氣喘如牛。（摘自康軒版第五冊國語，50）

四艘龍船成排停在起點線上，選手摩拳擦掌的等待。（摘自康軒版第八冊國語，54）

他的發明大大的改變了人類的生活，早期的電影、電燈、發電機……就連讓歌聲重現的留聲機，都是他絞盡腦汁發明出來的。（摘自康軒版第八冊國語課本，65）

有人說：「哥倫布發現了新大陸，伽利略卻發現了新宇宙。」這樣的讚美，伽利略可說是當之無愧啊！（摘自康軒版第八冊國語，70）

為了滿足對各種事物的好奇心，人類不斷的探索，不斷的發現，各種新的發明也接二連三的產生。（摘自康軒版第八冊國語，72）

齊景公聽了晏子的話，恍然大悟。（摘自康軒版第九冊國語，16）

你將每日放學後和假日的時間，做了一番規畫，什麼時候看書，什麼時候休息，什麼時候看電視、玩電腦……寫得一清二楚。（摘自康軒版第十冊國語，11）

這幾個句子共同的特點是句子中的成語都出現在最後，扮演總結、歸納、強調句意的角色，濃縮文字的結果就是讓整個句子讀起來精簡有力。

從以上的例子得知短句中單獨出現的成語，會因為出現的位置不同而扮演不同的角色。接者以文字較多的段落來探討單獨一個成語在長篇的文字中是否能扮演同樣的角色。

阿福一五一十的把經過告訴老人，老人聽完，激動的說：「你是阿福哥哥嗎？我是你的弟弟啊！這幾十年來我們找你找得好苦啊！」說完便放聲大哭。（摘自康軒版第五冊國語，16）

我們油紙點燃，小心翼翼的扶著天燈，好像護著自己的心願一樣，讓它們慢慢的升起來。一個天燈，兩個天燈……緩緩

的飄上天空，仰頭看著它們越飄越遠，感覺自己的心願也跟著升了起來，像天燈一樣發出光彩。（摘自康軒版第八冊國語，11）

古代<u>歐洲</u>城堡多半建造得美輪美奐，有的擁有尖頂的瞭望塔，有些則有寬寬的護城河，以及懸吊垂放的橋樑。西洋童話故事中，英俊的王子和美麗的公主也經常出現在如詩如畫的城堡中。因此，在一般人心目中，城堡總是充滿了夢幻的色彩，引人遐想。（摘自康軒版第十二冊國語，38～39）

　　這些段落中的成語都出現在開頭，我們可以發現它們仍舊扮演破題的角色。成語承載或凸顯整個段落的語意重點，後面的文句緊緊扣著這個重點來延伸，讓人讀起來有一貫的感覺。

第二天一早，窮和尚動身上路了。他帶著一個缽和一根木杖。肚子餓了，就沿路化緣；走累了，就找間小廟借宿休息。一路上翻山越嶺，雖然有風有雨，有霜有雪，非常辛苦，但是他不怕辛勞，以堅定的信心，走了將近一年，終於到了<u>南海</u>，實現了他的願望（摘自康軒版第八冊國語，14）

快到中午的時候，他們終於把<u>媽祖</u>迎回廟裡供奉。廟前的戲臺已經搭好布景，戲臺上鑼鼓喧天，微風吹起布簾一角，我看見演員們正在後臺化妝。真高興，好戲就要上演了。（摘自康軒版第八冊國語，46）

這時，臺下忽然遞過來一張紙條，他看了一眼，只見上面寫了兩個字「傻瓜」。<u>邱吉爾</u>知道有人想藉著這張紙條羞辱他，

> 他把紙條放在講臺上，神態自若的說：「剛才有位聽眾送來一張紙條。這位聽眾真糊塗，只在紙上簽下大名，卻忘了寫內容。」（摘自康軒版第九冊國語，8）

這些段落的成語都出現在中間，同樣扮演承接下文的角色。這些成語不僅可以連接前後的意境，也有轉折語氣的用法。提供讀者在閱讀這類長篇文句的一個停頓點，不論是順暢的往下走，還是來個一百八十度大逆轉，都挺有意思的。

> 如果你灰心喪志，退縮逃避，那麼你就像溫室裡的花朵一樣脆弱，無法面對生命中的風雨；如果你咬緊牙關，迎向挑戰，你才可能像小草一樣，到處繁衍，欣欣向榮。（摘自康軒版第九冊國語，34）

> 海邊捕魚的人，大都知道什麼時候潮起，什麼時候潮落。可是有人格外細心觀察，發現漲潮、退潮和月亮的圓缺，竟然有意想不到的「巧合」。（摘自康軒版第七冊國語，56）

> 史懷哲心想：要改善當地的醫療環境，一定要興建醫院。但是當地居民生活散漫，總是把收入花費在菸酒上，還會「順手牽羊」把工地的東西拿走。（摘自康軒版第九冊國語，27）

> 看著他們瘦弱的身體，算一算他們躺在這裡的歲月，我想著：如果沒發生意外，他們應該也是一個活潑的生命啊！有的跟我們一樣，小學快畢業了，有的該讀高中了，有的應該上大學了，有的可以當爸爸了，而現在，他們竟然只能這樣安靜的躺著，沒有歡笑，沒有希望，不知道什麼時候才能出

現奇蹟而醒過來。幸好安養院肯收留他們，讓他們得這麼好的照料，也讓家屬無後顧之憂。（摘自康軒版第十二冊國語，15～16）

這些段落有一個共同的特點是成語都出現在最後，而這一個成語扮演總結或歸納或強調文意的角色，在文字較多的長篇文章中，這個成語的出現能給人畫龍點睛感覺，為眾多文字劃下完美的句點。

探討完單獨出現的成語之後，接下來要看的是句子或文章中出現兩個或以上的成語，這些成語如果不僅不會給人帶來多餘、累贅的沈重感，反而是恰到好處的鑲嵌在字裡行間，那它們將在文字中扮演怎麼樣的角色？以下就從這個角度，舉例說明如下：

伽利略是義大利人，從小就很聰明，長大以後，父親要他習醫，他卻偏愛數理。他喜歡思考，喜歡提問題，即使只是一些司空見慣的現象，也要把它弄得一清二楚，才肯罷休。（摘自康軒版第八冊國語，68）

段落中「司空見慣」與「一清二楚」這樣類似對比的用法，強調伽利略喜歡思考，喜歡提問題的人格特質，將人物的性格刻畫得更加傳神。

大自然孕育著千千萬萬的生命，卻也考驗著生物的生存和發展。能夠通過考驗的，可以生生不息，繁衍後代，否則就會成為被淘汰的一群。（摘自康軒版第九冊國語，32）

「千千萬萬」這樣眾多的生命，根據通過考驗與否區分為「生生不息」與被淘汰的兩大塊，「生生不息」的一方經過繁衍成為「千

千萬萬」，透過這兩個成語，我們看見了遼闊的世界和生命的無限可能。

> 生命的過程，無時無刻不在改變，每一次改變，都可能是生命的轉捩點。十五、六歲以前，我什麼都不懂，聽天由命；十七、八歲的時候，我憂鬱苦悶，徬徨不安；十九、二十歲以後，我開始尋找自己的方向，設法改變自己……。（摘自康軒版第九冊國語，89）

「無時無刻」強調生命的瞬息萬變，而句中的人物也在這些轉變中，找到自己的人生方向。因為不懂所以「聽天由命」透露出的無力感，進而到設法改變自己，這兩個成語一個敘事一個敘人，運用得恰如其分。

> 時間很可貴。你在小學階段就懂得把握時光，而且已經有了好的開始，希望你持之以恆，努力去做，將一輩子受用無窮。（摘自康軒版第十冊國語，13）

「持之以恆」才能「受用無窮」，這兩個成語類似因果的關係，讓這個句子讀起來流暢通順，語意清晰連貫。

> 蜥蜴的尾巴，是施展金蟬脫殼的最佳道具。當牠被敵人攻擊時，會自斷尾巴，藉由留在原地持續扭動的尾巴，吸引敵人的注意，而斷尾的蜥蜴，則早已趁機逃之夭夭了。（摘自康軒版第十冊國語，51）

「金蟬脫殼」和「逃之夭夭」兩個成語都是逃跑的意思，一個逃得機靈，一個逃得迅速，不得不讓人對蜥蜴逃跑的功夫豎起大拇指。

模仿貓心灰意冷的在樹林裡漫無目的的走著，天黑了，牠疲
憊的躺在落葉堆上睡著了。（摘自康軒版第十一冊國語，8）

「心灰意冷」和「漫無目的」這兩個成語類似映襯又類似因果
的用法，深刻的勾勒出模仿貓毫無希望的形象，讓人不禁想為牠加
油打氣。

富商看到西洋鏡被拆穿了，覺得羞愧難當無地自容，趕緊放
下花瓶，從人群中擠出，消失得無影無蹤。（摘自康軒版第
十一冊國語，89）

因為「無地自容」所以消失得「無影無蹤」，兩個誇張的成語，
讓人不禁對這位富商的行徑感到既好氣又好笑。

現在是六年級了，大家早就變成有福同享、有難同當的患難
之交，常常聚在一起共議「天下大事」。（摘自康軒版第十二
冊國語，76）

「有福同享」、「有難同當」用來形容「患難之交」這份友情的
堅定，用成語來形容成語，感覺非常特別。

朝廷上的大臣都覺得不妥，不過他們知道景公正在氣頭上，
因此不敢上臺進諫，個個面面相覷，不知如何是好。晏子看
到了這個情形，靈機一動，連忙上前說道：「主公，這養馬
人犯了三條大罪，還不知道為什麼大禍臨頭。不如讓我來說
清楚，免得他死得不明不白。」（摘自康軒版第九冊國語，
14～15）

　　這段只有 118 個字的短短文章中，就出現了「面面相覷」、「靈機一動」、「大禍臨頭」、「不明不白」四個成語，前兩個分別用來形容大臣的軟弱和晏子的機智，形成強力的對比；而「大禍臨頭」和「不明不白」兩個帶點誇張意味的成語，看來是在放大養馬人的罪狀，卻隱約帶有反諷齊景公小題大作的作用。

> 在大都，馬可‧波羅看到街上行人熙熙攘攘，筆直的街道，方正的房舍，排列有如棋盤。皇宮建築金碧輝煌，牆壁上都畫著美麗的圖畫；花園中有亭臺樓閣、花廊水榭、奇花異草和珍禽異獸，這些都讓他大開眼界。（摘自康軒版第十一冊國語，56～57）

　　這段文章共出現六個成語：「熙熙攘攘」用來形容大都的人口眾多，熱鬧非凡，我們彷彿可以聽見街上傳來人群的談笑聲與攤販的叫賣聲；連用「金碧輝煌」、「亭臺樓閣」、「奇花異草」、「珍禽異獸」從建築的壯麗外觀、眾多樣式與難得一見的植物、動物來描繪皇宮富麗堂皇的形象。這樣看來，除了「大開眼界」還真是找不到更適合的詞彙來作為結尾呢！

　　從上面的例子看來，成語數量越多，能扮演的角色就愈多樣化，有強調的、對比的、總結的……等，能達到濃縮語意，美化文章的效果。但成語的數量和文章的品質是否真的成正比？關於這個問題，我試著利用以下的例子與說明來回答：

> 從前，從前，白馬王子為了救公主，便騎著一匹「識途老馬」出發。他「一馬當先」，打敗魔王，終於「馬到成功」，救了公主！從此……（摘自康軒版第五冊國語，89）

　　「識途老馬」、「一馬當先」、「馬到成功」三個關於馬的成語，用來敘述白「馬」王子英雄救美的英勇事蹟，看起來詼諧有趣，挺有博君一笑的作用。但這樣的用法多少扭曲了成語的意義，讓整篇文章變成冷笑話一般，似乎不太適合當作教材，讓判斷力還不夠成熟的三年級學生拿來學習。

> 我們散步的時候，本來陽光既溫暖又燦爛，突然有一朵雲飄過，把山光水色都藏起來了。過了不久，雲消霧散，眼前又是一片青山綠水。（摘自康軒版第六冊國語，54）

　　「山光水色」、「青山綠水」都是用來描寫眼前秀麗的景象，兩個同時在句中出現，不免就給人些許累贅感。另外，「雲消霧散」是籠罩在天空的「濃霧陰雲」消散了，句中的不過是「一朵雲」就會到「雲消霧散」似乎過於誇張。另外，「雲消霧散」現在多取它引伸的意涵，怨憤、疑慮得以消除。因此，我認為這個成語使用得不太恰當。

> 合唱團引吭高歌的時候，美妙的聲音讓大家讚不絕口。（摘自康軒版第十冊國語，20）

　　「引吭高歌」是的確有「歌唱」的意思，但還有放開喉嚨，高聲唱歌的意思。帶有抒發情緒、慷慨激昂的意涵，不見得是指「美妙的聲音」。在這裡出現「引吭高歌」，反而有畫蛇添足的不協調感。

> 比起候鳥必須隨著季節南遷北移，溪鳥的生活安定多了。它們大多定居在一個固定的河域，過著自給自足的生活。（摘自康軒版第九冊國語，55）

　　「自給自足」指的是生產和消費維持平衡，可以獨立營生，不必仰賴於人。用來形容溪鳥的生活似乎不太恰當，畢竟溪鳥是靠捕食為生，並非自己生產食物。因此，我認為這個句子有修正的必要。

　　藉由以上的例子可以清楚的知道，成語的數量和文章的品質不一定成正比，還是要看成語出現的時機和位置是否恰如其分，才不會給人畫蛇添足，語意不明的感覺。

　　重新回到「國語教材」的話題上，成語絕對是學習者不可不學的語彙。從這個角度來探討，教材中沒有成語和成語過多，分別會給人帶來什麼感覺？先來看這篇文章：

> 夜幕低垂，銀白色的月光灑滿大地。爸爸和我趁著美麗的月光，一如往常的到田野間散步。蟲聲和諧而柔細，隨處皆是，像是大地的催眠曲。所有的植物似乎都在草蟲的奏鳴曲中甜蜜的睡著了。
>
> 走過屋前的老楊桃樹，覺得住在樹上那一窩斑文鳥正睡得熟；此外應該還有幾隻綠繡眼，也一定互相依偎著睡著了。每當清晨的陽光照射到楊桃樹上，牠們就會歡喜的在枝葉間「唧哩唧哩」的輕啼著。
>
> 出了前院，沿著小溪，我和爸爸牽著手在田間的小路上走著，覺得空氣格外清涼。那股清涼好像是隨著月光撒下似的，正如日光撒下熱一般。隆冬時人們喜歡陽光，這個時刻，無論是誰都會喜歡這涼爽的月光。
>
> 過了小溪，經由木麻黃樹下向南走，明月在左，山嶺在右。山嶺上的雲，正像一條長長的棉被，輕輕的蓋著整條山稜，山彷彿正擁被而眠。過了那一列木麻黃樹，路口是一片刺竹

林。高高的竹枝上頭，有隻拳頭大的鳥兒正在那兒歇息。

走道竹林下，我們轉而走入一條牛車小路，小路右邊是番麥田，左邊是一片翠綠的蕃薯田。竹林以北，種著一排美麗的銀合歡。爸爸說，我們現在往西行，等一下走回頭時，正好對著美麗的明月。

這一條小路白天就很少有人行走，夜間更是看不見人影。路長只有兩百米左右，末端在一片荒地上停止。它是一條非常可愛的小路，特別是在日出前，日落後，以及月光下。他可以說是爸爸和我兩個人的私有道路，只有鵪鶉、斑鳩、雲雀會來和我們共享。每次在這條路上散步，總會遇見牠們美麗的身影。

靠近路的末端，有一棵樹體秀美的苦楝樹，一隻畫眉鳥老愛停在那兒高歌。我們走到那兒時，爸爸指著樹上一隻大頭鳥給我看。月光照得牠滿面滿胸，兩個眼睛反射著貓似的眼光，一看就知道是隻貓頭鷹。貓頭鷹見我們走近，頭胸上下一頓一頓，似乎在猶豫著，拿不定主意，不知道是飛走好，還是留下來好？

為了不打擾貓頭鷹，於是我們轉身往回走。這時月光對直照滿全身，只見銀光滿地，山影朦朧，木麻黃和刺竹在番麥田後面向天高舉。整片農作物宛若披著輕紗，沐浴在美麗的月光下。而路的盡頭，我們住的小屋，以正在這片銀白的月光下，安詳的熟睡著。（摘自康軒版第十冊國語，26～31）

　　這是康軒版第十冊國語教材第四課〈月光下〉，大約八百字的文章，一個成語也沒有，雖然文章是以意境取勝，也不乏經過精挑

細選的優美詞彙和語句，如：樹體秀美、宛若披著輕紗，但這篇畢
竟是高年級的課文，前後兩課都有 3 個成語，突然夾了一課一個成
語也沒有的文章，總覺得不太恰當。我建議既然這是篇放在國小國
語教材中的文章，，而且本冊的統整活動還包含「成語的運用」這
樣的主題，那麼改寫者在編寫的同時可以視情況放進一些成語供高
年級學生學習。

　　看完一個成語也沒有的課文，接著來看看成語數量很多的課文：

> 政彬對於失去最重要的第四棒，感到十分委屈。因此當第二
> 天身為隊長的名揚要他一起搬運器材時，本來就心存芥蒂的
> 他，便借題發揮，大聲拒絕。還好老師及時趕來安撫，又有
> 兩位同學自願幫忙，這才化解了尷尬的場面。事後，政彬對
> 自己的無理取鬧，雖然深感後悔，卻拉不下臉來對名揚道歉。
> 不幸的事發生了。在今天上午的跳高比賽中，名揚不慎撞傷
> 膝蓋，把幾乎到手的冠軍拱手讓人。原本勝券在握的四百公
> 尺接力，也因而變成一場旗鼓相當的比賽。（摘自康軒版第
> 十一冊國語，19～20）

　　這篇文章題為〈跑道〉，總共出現了十個成語。摘錄的這兩百
字中，出現為數眾多的四字詞語：十分委屈、心存芥蒂、借題發揮、
大聲拒絕、無理取鬧、深感後悔、拱手讓人、勝券在握、旗鼓相當，
其中包含了四個成語。看完這一小段文章真是有一種堆砌文字的感
覺，因為成語已經扮演濃縮語意的角色，又額外使用了很多四字詞
語來精簡文字、概括情境，讓整篇文章讀起來是跳躍的、不流暢的。
加上這段文字是文章的開頭，似乎失去鋪陳背景的作用，不容易帶
領讀者進入整篇文章的情境中。

從這兩篇課文可以看出，成語在國語教材中的確扮演重要的角色，數量的拿捏更是一門學問，教材的編輯者不得不好好的替學習者做好把關工作。在本節最後，我要再提出一個關於選用成語的小小看法。下面有兩個含有成語的句子：

> 他的爸爸是醫生，他想克紹箕裘，將來也當個醫生。（摘自康軒版第十冊國語，21）

> 「一分耕耘，一分收穫」是一句顛撲不破的至理名言。（摘自康軒版第九冊國語，20）

這兩個句子分別出現了「克紹箕裘」和「顛撲不破」這兩個成語，根據平衡語料庫的統計，它們已經不在一般對話與書面語中使用。我們當然不能否認它們存在的文化價值，只是從國語教材的角度看來，這樣的成語是否適合語文能力還不夠成熟的小學生，出現在國小國語教材中供小學生學習。這個問題或許是見仁見智，但應該是很值得教材編輯者多加思考的。

第二節　成語語法與修辭在國語教材中的角色扮演

詞彙在語言裡本來是沒有好與壞這樣的分別，我們無法從理性客觀的角度來定論「漂亮」和「美麗」這兩個單獨出現的詞彙，哪一個在美的程度上略勝一籌；也不能在缺乏語境的狀況下判定「大」

和「小」，因為使用這類形容詞需要提供可比較的明確事物作為線索。因此，詞彙的表現力是當它出現在句子或段落文章時，根據擺放的位置是否得體，看看能不能適應文章所要傳遞的語意、切合文章所要表達的題旨。要解決這裡談到的「得體」、「適應」、「切合」等關鍵問題，我們不妨從適當、適量與適度三個面向來進行探討。

　　適量這個面向，在上一節（成語數量在國語教材中的角色扮演）已經作了詳盡的解說，這裡就不再多加敘述。本節的焦點放在適當與適度兩個面向：在語言的運用中，篩選詞彙是非常重要的歷程，這個歷程包含認知思維與情感思維。認知思維讓語言說得正確；情感思維讓語言說得漂亮。換句話說，一個具體的句子不僅講求是非，也講求美醜，總是存在著語法現象也存在著修辭現象。語法是詞語和句子的結構功能和功能規律；修辭是恰當的運用語言文學來增強言語表達效果的規律。（范曉、張豫峰等，2008：70）合乎語法規律讓語言在句法、語義、語用上變得「適當」，不會成為錯用詞彙或邏輯不通的病句；修辭規律運用得宜，讓語言在審美情緒的表現上得以「適度」，不會給人淡薄無味或矯情虛偽的感覺。

　　成語不僅可被歸類為詞彙的一種，也具有語法和修辭等功能，而這兩項功能在文句中扮演的角色，我試著搭配第二章所提到成語在文本中的角色扮演具有的四個作用或效果，當作本節探討的四大主軸，並摘錄康軒版國語教材中的文句為例加以說明：

一、表現文化美感

　　成語能體現中國文化的部分，在第二章的第四節已經分成六大點作過詳盡的說明。其中提到典故可以引發讀者廣泛的想像，當讀

者讀懂了典故，其中蘊含的豐富曲折、引人深思的故事就會浮現在腦海中，讓讀者根據這些故事、人物、情節連結作者的絃外之音，從而獲得審美愉悅。接下來的部分我將從修辭的角度來探討美感，而修辭和文化的關連性相信是不言可喻的。第五章曾談到出現 265 次的優美是最豐富的修辭美學類型；修辭手法中，以比喻和對偶所占的比例是最高的。在 322 個成語中比喻（包含明喻 A、明喻 B、明喻 C、暗喻、借喻）出現 255 次；對偶出現 180 次，看得出次數都非常的多。

優美是指形式的結構和諧、圓滿，可以使人產生純淨的快感（周慶華，2004：138），這與中國人的抒情／寫實的表現文化有很大的關係，無處不能寄情，無事不能抒情，加上內斂含蓄的情感表達方式，使得優美成為中國文化中的一大美學特徵。

接著來談比喻。陳光磊（2001：75）認為比喻在修辭手法中是最凸出的一種，也可能是所有修辭手法中運用最普遍、最廣泛、最多樣、最富有民族文化色彩的一種；用作喻體的材料也多有它的文化依據。比喻的構成基於心理的聯想。人類的聯想意識有共同的方面，也有因民族而相異的方面。在不同的文化裡，對事物所生的聯想不同，形成的比喻也就不會一樣。舉例來說：在西方文化中，龍是惡魔和撒旦的坐騎，不僅邪惡而且兇猛，在故事或神話中總是扮演看守寶藏或公主的邪獸角色。但漢語裡的龍，常作為喜慶吉利、莊重權威的喻體，像人中之龍、生龍活虎、龍馬精神……等，是華夏民族原始時代圖騰崇拜的文化傳統遺存。

至於對偶，它是漢語特有的一種修辭格。它是由字數相等、結構相同互相似的兩句對稱組合而成；最嚴格的還要求音節上平仄相對。對偶結構工整，讀起來琅琅上口富有韻味；看起來排列均勻整

齊、賞心悅目。大概是因為中國人對立統一的辯證思想很早，如《周易》中就提到：立天之道，曰陰與陽；立地之道，曰柔與剛；立人之道，曰仁與義，兼三才而兩之。加上中國人具有一種成雙成對的情感心理或文化心態，加乘投影在對偶手法，所以對偶成為中國人喜愛的話語模式。以下的例子，要實際來探討成語的修辭法和美學類型在國語教材中扮演的角色：

> 小香放學回家，發現沒有人在家。她站在門口東張西望，看見了張媽媽，小香著急的問：「張媽媽，請問您有沒有看見我媽媽？」（摘自康軒版第四冊國語，68）

「東張西望」的修辭手法屬於對偶，具結構上的優美形式。另外利用東、西兩個相反的方向，讓四周探望的意涵更加鮮明。

> 河邊有三三兩兩的牛羊，正低著頭吃草。（摘自康軒版第五冊國語，15）

「三三兩兩」的修辭手法屬於對偶也屬於疊字，不僅結構優美，語音也是跌宕有致，富音韻美感。三個一群，兩個一伙，描繪出零散結集的樣子。

> 小寶在操場跑步時，常常覺得頭暈，而且氣喘如牛。（摘自康軒版第五冊國語，50）

「氣喘如牛」的修辭手法為比喻，像牛一般大聲喘氣，用來形容呼吸急促，也帶有誇張的效果。

放學時，下起一陣大雨，<u>阿雄慌慌張張的躲進雜貨店的屋簷</u>下。（摘自康軒版第五冊國語，70）

「慌慌張張」的修辭手法屬於對偶也屬於疊字，除了結構優美，重複的文字加強了慌忙又緊張的感受。

這個孩子怎麼了，講話有氣無力的。（摘自康軒版第五冊國語，91）

「有氣無力」的修辭手法屬於對偶兼對照，雙重的修辭手法加強結構上的優美，也更生動的描繪出人物精神不振，萎頓虛弱的形態。

日月潭風景區的遊客很多，簡直是人山人海。（摘自康軒版第六冊國語，79）

「人山人海」的修辭手法包含比喻、對偶和誇張，結構上的優美不言可喻。描述人群如山海般眾多，無法估計，鮮明的刻畫出人聚集得非常多的景象。

孩子們來到巨人身邊，他們圍著巨人唱著、跳著，高興極了！這時百花盛開，鳥語花香，春天隨著孩子們的笑聲，又回到花園裡來了。（摘自康軒版第六冊國語，14）

「鳥語花香」除了對偶的結構優美，文字本身也帶來舒服的視覺享受。鳥兒歌唱，花開芬芳，簡單的情境點出春光的明媚。

那些隨手撿來的木頭，經過爺爺簡單的加工整理，就成了一匹飛躍的馬，一頭耕作的牛，或是一位慈祥的老公公……每

一件作品都栩栩如生，很多來參觀的朋友都嘖嘖稱奇呢！
（摘自康軒版第六冊國語，29）

「栩栩如生」利用比喻手法，形容事物生動可喜的彷彿具有生命力一般。

我們全家都愛海。我們愛看藍色的大海，也愛看海水撲打岩石濺起的浪花，更愛看海邊奇形怪狀的石頭。（摘自康軒版第七冊國語，10）

「奇形怪狀」的對偶、錯綜手法不僅讓結構優美，平平仄仄的語音結構，帶來由弱到強音調美感。另外奇怪不尋常的形狀帶來的視覺效果，也構成了一種另類的優美形式。

小草在春天裡發芽，葉子在秋天飄落；毛毛蟲會變成美麗的蝴蝶，小螞蟻發現了食物就興高采烈的呼朋引伴；畫畫的人將顏料和一和，調色盤就變出繽紛的色彩；音樂家的雙手在鍵盤上輕輕彈奏，鋼琴就發出悅耳動聽的聲音。（摘自康軒版第七冊國語，58）

「興高采烈」原本是用來形容文章旨趣高超，辭采峻切犀利。後來借用來比喻興致勃勃，情緒熱烈的樣子，這樣愉悅的氛圍讓人不禁產生優美的感受。

一回到老家，大家都立刻圍過來，相互問候，七嘴八舌的說：「今年我們要彩繪天燈，用圖畫向上天祈願。」果然在院子裡，除了天燈以外，還準備了許多畫筆和顏料。（摘自康軒版第八冊國語，8）

　　形容人多口雜，議論紛亂的「七嘴八舌」，對偶兼錯綜的修辭手法，讀起來錯落有致。在漢語中，使用七和八組成的詞語相當多，除「七嘴八舌」外，還有像「七上八下」、「七零八落」等，是常見的組合，都帶些雜亂的意思。

> 第二天一早，窮和尚動身上路了。他帶著一個缽和一根木杖。肚子餓了，就沿路化緣；走累了，就找間小廟借宿休息。一路上翻山越嶺，雖然有風有雨，有霜有雪，非常辛苦，但是他不怕辛勞，以堅定的信心，走了將近一年，終於到了<u>南海</u>，實現了他的願望（摘自康軒版第八冊國語，14）

　　「翻山越嶺」對偶及錯綜的手法，整併了翻越過許多山嶺的情景，用來形容長途跋涉、旅途辛苦；即使眼前是一層又一層的險阻，還是堅定信念的一一克服。這樣刻畫出來的人性堅毅之美，也算得上是優美的一種型態。

> 第二天傍晚，我聽到陽臺上傳來「唧咿唧咿」的叫聲，就躡手躡腳的躲在窗簾後面偷看。（摘自康軒版第八冊國語，29）

　　「躡手躡腳」具有摹狀、錯綜和對偶三種修辭手法，傳神的描繪出放輕手腳走路，行動小心翼翼，不敢聲張的樣子。

> 因為媽媽做的飯盒千變萬化，所以每次校外教學前幾天，同學們都會好奇的問我：「這次你媽媽又有什麼新花樣？」我總是神氣的回答：「讓你們猜啊！」我非常感謝媽媽，不但讓大家吃得心滿意足，眉開眼笑，也為校外教學帶來更多歡樂。（摘自康軒版第八冊國語，35）

　　「千變萬化」對偶、錯綜兼誇張的手法，讓它帶有一種瞬息萬變的優美感。文章中用「千變萬化」來形容媽媽做的飯盒同樣具有誇張的效果，凸顯媽媽的烹飪手藝十分精巧且富有變化。

　　　為了滿足對各種事物的好奇心，人類不斷的探索，不斷的發
　　　現，各種新的發明也接二連三的產生。（摘自康軒版第八冊
　　　國語，72）

　　「接二連三」利用數學的數列規律，比喻連續不斷的意思。對偶帶來的結構美感，還給人一種綿延看不見盡頭的無窮盡美感。

　　　面對五彩繽紛的美景，要怎樣下筆描寫才生動？（摘自康軒
　　　版第八冊國語，78）

　　「五彩繽紛」這樣色彩鮮豔絢麗的景象，從視覺上便給人一種優美的享受，彷彿置身於五光十色的彩色世界中。

　　　獨裁統治的社會老百姓都噤若寒蟬，不敢表達自己的意見。
　　　（摘自康軒版第九冊國語，20）

　　「噤若寒蟬」採比喻手法，形容一聲不響就像寒冷季節時的蟬，和夏天不絕於耳的蟬鳴形成強烈的對比，生動的描寫一個人不敢說話的樣子。

　　　在大都，馬可・波羅看到街上行人熙熙攘攘，筆直的街道，
　　　方正的房舍，排列有如棋盤。皇宮建築金碧輝煌，牆壁上都
　　　畫著美麗的圖畫；花園中有亭臺樓閣、花廊水榭、奇花異草

和珍禽異獸，這些都讓他大開眼界。(摘自康軒版第十一冊國語，56～57)

「熙熙攘攘」、「亭臺樓閣」、「奇花異草」、「珍禽異獸」這四個帶有對偶手法的成語，在文章中呈現了對稱和語音上的美感。「亭臺樓閣」建築在花園庭院中供休憩、欣賞景觀的亭子和閣樓；「奇花異草」珍奇的花草；「珍禽異獸」珍貴稀有的動物，三者相加來呼應宮殿的「金碧輝煌」。搭配形容人來人往的「熙熙攘攘」清楚且壯麗的呈現大都熱鬧擁擠的樣子。

我掏出一條口香糖給他，他如獲至寶，趕忙把手裡的雨花石給了我，說：「送您的，作紀念品吧！不要錢的。」(摘自康軒版第十二冊國語，12)

「如獲至寶」運用比喻的手法，生動的描述一個人好像得到最珍貴的寶物般喜悅的心情，也有比喻喜出望外的絃外之音。

狐假虎威是戰國策裡的一則寓言故事？寓言是文學作品的一種體裁，結構短小、內容簡單，常帶有勸喻或諷刺意味。(摘自康軒版第十二冊國語，47)

「狐假虎威」是明顯帶有借喻手法的成語，陳述狐狸借老虎的威風嚇走其他野獸的故事。但實際上是借用這個故事來比喻藉著有權者的威勢欺壓他人、作威作福的意思。用動物比擬人的行為除了帶有嘲諷的意味，也有一種滑稽的美感。

二、產生簡潔效應

　　成語的功能等同於詞，決定在成語本身的特點，結構方面存在主謂、偏正等關係；在語用中可以充當謂語、狀語等句子成分；意義內容方面，成語的意義是抽象概括的整體性意義，無論是結構還是意義，都是不可再被分割的。這樣高度定型性特點以及自由構句的特點，都證明了成語和詞的動態功能是一致的。但另一方面，也決定了成語在概念的標記、內容含量方面不同於詞，成語標記複雜的概念，區別於詞的標記單純的概念，豐富的意義蘊含區別於詞的意義單純性與特指性；它本身比詞稍長的音節，結構複雜多樣的語法關係，也足以承載大量的內容，這樣成語又具備了詞組的容量。以詞組的容量、詞的性質進入語言系統的成語必然會帶來畫龍點睛般的簡潔效應。

　　下面的句子利用成語取代人物或是情境，因為成語將語義濃縮了，減少許多累贅的字詞使得整個句子變得簡潔有力：

> 媽媽看了一眼，輕輕的拍拍我的頭，說：「這表示你一年比
> 一年長大了。」是啊！真快，隨著時間悄悄的過去，我也在
> 不知不覺中升上三年級了。（摘自康軒版第五冊國語，13）

　　用「不知不覺」這樣沒有感覺，未曾經意，也從不注意的態度，也連帶加強形容時光流逝是多麼飛快的感受。

> 社會上有許許多多的無名英雄，在每一個角落發光又發熱。
> （摘自康軒版第五冊國語課本，74）

用「無名英雄」取代獻身於偉大績業而名不彰顯的人物。

> 坐著牛車，經過農場時，我看到棚架上掛著百香果，看到滿
> 地爬的地瓜葉，還看到紅紅的洛神花，這些景象真讓我大開
> 眼界。（摘自康軒版第六冊國語，50）

用「大開眼界」取代增加見識，開闊視野的描述。這樣的用法
讓文章帶有動感和誇張的感受。

> 沒錯，越是責怪自己越是難過，而且於事無補，更何況同學
> 也沒有責怪她的意思。（摘自康軒版第六冊國語，70）

用「於事無補」取代對於事情沒有任何幫助的說法。

> 要交代的事，應盡量簡單清楚，讓收便條的人一目了然，一
> 下子就看懂。這樣，才能達到簡便的目的。（摘自康軒版第
> 六冊國語，81）

用「一目了然」取代看一眼就完全清楚明白。

> 他理直氣壯的說：「怎麼會？你沒看到前面的人，被我追得拼
> 命跑，累得上氣不接下氣嗎？」（摘自康軒版第七冊國語，33）

理由正大、充分，則氣盛而無所畏懼的態度，濃縮成精簡的「理
直氣壯」，不得不帶給人言簡意賅的感受。

> 所幸「皇天不負苦心人」，他那鍥而不捨的精神，最後感動
> 了<u>西班牙</u>國王及王后，答應供給他船隻、水手和經費。（摘
> 自康軒版第七冊國語，48～49）

「鍥而不捨」原意是不斷刻下去而不停止。在這裡用來比喻堅持到底，奮勉不懈。

> 太陽升起時，他們看到眼前的綠色陸地，不約而同的歡呼起來。（摘自康軒版第七冊國語，51）

用「不約而同」取代彼此並未事先約定，而意見或行為卻相同的意思。

> 我們油紙點燃，小心翼翼的扶著天燈，好像護著自己的心願一樣，讓它們慢慢的升起來。一個天燈，兩個天燈……緩緩的飄上天空，仰頭看著它們越飄越遠，感覺自己的心願也跟著升了起來，像天燈一樣發出光彩。（摘自康軒版第八冊國語，11）

用「小心翼翼」取代非常謹慎，不敢疏忽的態度，讓人不禁也屏住了呼吸，深怕碰壞了載著心願的天燈。

> 學習作文如果能根據一定的步驟，思考後再謹慎下筆，就可以得心應手。（摘自康軒版第八冊國語，40）

用「得心應手」取代心怎麼想手便能怎麼做非常容易的說法。

> 叔叔那隊去年慘遭淘汰，這次捲土重來，他們苦練了好久，希望今年能夠得到錦標。（摘自康軒版第八冊國語，53）

用「捲土重來」取代事情失敗後重新組織力量再次來過的說法，也表現出不氣餒的運動家精神。

> 他的發明大大的改變了人類的生活，早期的電影、電燈、發
> 電機……就連讓歌聲重現的留聲機，都是他絞盡腦汁發明出
> 來的。（摘自康軒版第八冊國語，65）

　　用「絞盡腦汁」來形容費盡腦力，盡心思考。誇張中也讓人感
受到那分嘔心瀝血努力思考的景象。

> 有人說：「哥倫布發現了新大陸，伽利略卻發現了新宇宙。」
> 這樣的讚美，伽利略可說是當之無愧啊！（摘自康軒版第八
> 冊國語，70）

　　用「當之無愧」取代承當得起他人的稱譽，不必感到慚愧這樣
的意涵。雖是文言的格式卻以淺顯的文字呈現，所以不會造成閱讀
上的困難。

> 讀書會要怎麼進行呢？首先要找一些志同道合的人，成立一
> 個讀書會，一起為讀書會取名字，例如：快樂讀書會、醜小
> 鴨讀書會、螢火蟲讀書會……（摘自康軒版第八冊國語，85）

　　用「志同道合」取代彼此的志趣和理想一致的意涵。

> 造物者以無比的智慧創造了宇宙萬物，又給了每個人一顆柔
> 軟的心，要我們學習什麼是愛，如何去愛，並且隨時隨地去
> 愛。這種愛是一種無窮盡的力量，可以化軟弱為剛強，化悲
> 泣為歡笑，面對一切苦難，克服一切阻難。（摘自康軒版第
> 九冊國語，78～79）

　　用「隨時隨地」來統指不論任何地點、不論任何時間，大大簡
化了語言文字，達到精鍊的效果。

> 林肯重視大眾對他的批評，即使當眾挨罵，只要言之有理，
> 一定樂於聽取。（摘自康軒版第十冊國語，23）

用「言之有理」取代所說的話自有道理，雖然有點文言，但文字不難讓人望文生義。

有些成語出自典籍，後人取其意涵將它濃縮為四字格式，成為我們所說的成語。短短的四個字淬煉出先人的智慧結晶：

> 那些隨手撿來的木頭，經過爺爺簡單的加工整理，就成了一匹飛躍的馬，一頭耕作的牛，或是一位慈祥的老公公……每一件作品都栩栩如生，很多來參觀的朋友都嘖嘖稱奇呢！
> （摘自康軒版第六冊國語，29）

「栩栩如生」出自《莊子‧齊物論》：莊子說他曾經做了一個夢，在夢中他變成了一隻美麗的蝴蝶，自快得意地四處飛舞，完全忘了自己是一個人。直到清醒過來，莊子才發現自己原來還是莊周，而不是蝴蝶。因為夢中蝴蝶是如此的「栩栩如生」，所以莊子感到好奇，到底是莊周做夢化為蝴蝶，還是蝴蝶做夢化為莊周？後來「栩栩如生」這句成語就從這裡演變而出，用來形容貌態逼真，彷彿具有生命力。

> 伽利略是義大利人，從小就很聰明，長大以後，父親要他習醫，他卻偏愛數理。他喜歡思考，喜歡提問題，即使只是一些司空見慣的現象，也要把它弄得一清二楚，才肯罷休。（摘自康軒版第八冊國語，68）

「司空見慣」這句成語與唐代詩人劉禹錫有關。劉禹錫的仕途乖舛，屢經波折後，好不容易才回到朝廷擔任主客郎中這份官職。

故事大約就發生在這個時候。當時京城有位曾經擔任過司空的李紳，也喜愛詩歌，因為久仰劉禹錫的才名，所以特別在自家擺設盛宴款待他。席中，還安排一位年輕貌美的歌妓表演。劉禹錫看到李紳隨手一擺，就是這麼盛大的場面，想必早已見慣了，不禁為自己乖舛遭遇，感到非常悲傷。後來從這段故事摘出「司空見慣」這句成語，用來比喻經常常看到，不足為奇的意思。

> 歷史上的發明與發現，對人類的貢獻時太大了。例如：古代人發現了「火」，利用火來照明、取暖、煮食，於是人類從茹毛飲血的生食時代，進步到熟食時代。（摘自康軒版第八冊國語，73）

「茹毛飲血」這個成語出自於《禮記‧禮運》：「飲其血，茹其毛。」意思是說上古時候，人們尚不知用火，連毛帶血生食鳥獸。由漢朝班固將將它轉化為四字成語，《白虎通》卷一：「古之時未有三綱六紀……茹毛飲血而衣皮葦。」

> <u>史懷哲</u>心想：要改善當地的醫療環境，一定要興建醫院。但是當地居民生活散漫，總是把收入花費在菸酒上，還會「順手牽羊」把工地的東西拿走。（摘自康軒版第九冊國語，27）

「順手牽羊」出自於《禮記‧曲禮上》：「進几杖者，拂之。效馬、效羊者，右牽之；效犬者，左牽之。」意思是說進獻几杖，要先拂去灰塵，擦拭乾淨。進獻馬和羊時，因其性情溫馴，可以用右手牽著，方便行事。但進獻狗的時候，則要用左手牽著，因為狗的性情較不溫和，用左手牽引，空著右手可以預備在必要時加以制伏。後來「順手牽羊」這句成語就從這裡演變而出，大多時候取它

字面上的意義，指順手把別人的羊給牽走，比喻乘機順便取走他人財物。

三、極具形象功能

　　成語參與構句，充當一定的句法成分時，體現了它的語義功能而直接影響對其它句法成分的選擇，更影響成語本身在句子中的語法位置。例如：大部分動詞性成語不具備動詞能夠帶賓語的特徵，大部分的形容詞成語也不具備形容詞能受副詞修飾的特徵。在第四章成語的語法功能中提到兩點結論：一是成語在教材中幾乎是充當詞組，尤其是充當謂語；二是除了充當謂語，其次便是作為修飾中心語的定語與狀語。謂語用來作敘述、說明和描寫一件事物，無論是主動或被動的型態。定語和狀語的修飾語可以表示領屬關係、性質或狀態、質料、用途、數量、時間或處所、方式和程度。也就是說，謂語、定語或是狀語都可以用來描述人或事或物，加上成語的四字格簡潔樣式，讓成語可以扮演好形象的角色，不論是人的特點、描述事物或是描述動作來看，都能把其中的性質、狀態或態度方面呈現得淋漓盡致。分別舉例說明如下：

> 孩子們來到巨人身邊，他們圍著巨人唱著、跳著，高興極了！
> 這時百花盛開，鳥語花香，春天隨著孩子們的笑聲，又回到
> 花園裡來了。（摘自康軒版第六冊國語，14）

　　「鳥語花香」鳥兒歌唱，花開芬芳，簡單又富有動感的情境，清晰的刻畫出春光的明媚。

我們就在這美麗的景色下，依依不捨的揮手告別這一片迷人
的<u>野柳海岸</u>。（摘自康軒版第七冊國語，13）

「依依不捨」依依是留戀不捨的樣子，想緊緊依偎不捨分離的
情緒，讓依依不捨更帶有一種惆悵的美感。

小草在春天裡發芽，葉子在秋天飄落；毛毛蟲會變成美麗的
蝴蝶，小螞蟻發現了食物就興高采烈的呼朋引伴；畫畫的人
將顏料和一和，調色盤就變出繽紛的色彩；音樂家的雙手在
鍵盤上輕輕彈奏，鋼琴就發出悅耳動聽的聲音。（摘自康軒
版第七冊國語，58）

「興高采烈」富有興致勃勃，情緒熱烈的動態形象，這樣的氛
圍讓人不禁受到感染而愉悅了起來。

我們油紙點燃，小心翼翼的扶著天燈，好像護著自己的心願
一樣，讓它們慢慢的升起來。一個天燈，兩個天燈……緩緩
的飄上天空，仰頭看著它們越飄越遠，感覺自己的心願也跟
著升了起來，像天燈一樣發出光彩。（摘自康軒版第八冊國
語，11）

「小心翼翼」用來形容一個人待人處世的態度舉止十分謹慎，
不敢懈怠疏忽。將人物戒慎恐懼的形象刻畫得十分傳神。

快到中午的時候，他們終於把<u>媽祖</u>迎回廟裡供奉。廟前的戲
臺已經搭好布景，戲臺上鑼鼓喧天，微風吹起布簾一角，我
看見演員們正在後臺化妝。真高興，好戲就要上演了。（摘
自康軒版第八冊國語，46）

「鑼鼓喧天」從字面上解釋是敲鑼打鼓的聲音響徹雲霄，用來形容氣氛熱鬧非凡。簡單的文字讓人彷彿真的聽得見震耳欲聾的鑼鼓聲，逼真的效果是其他詞語難以取代的。

> 四艘龍船成排停在起點線上，選手摩拳擦掌的等待。「砰！」槍聲一響，選手們奮力的划動手上的槳，四艘龍船像箭一樣，從起點飛出去。一時水花翻湧，鼓聲咚咚。（摘自康軒版第八冊國語，54）

「摩拳擦掌」濃縮了揮舞拳頭，擦揉手掌，準備行動或動武的樣子。充滿動感的形象引伸出振奮、躍躍欲試的意思。

> 那麼多冷嘲熱諷和無情打擊，都阻擋不了他追求和探索的熱忱。他，真是一位偉大的天文學家。（摘自康軒版第八冊國語，70）

「冷朝熱諷」用冷、熱這樣極端的觸覺刺激，來描述尖酸、刻薄的嘲笑和諷刺，給人強烈的心理感受是一種凸出且特別的形容手法。

> 由於表姊的指導，使我的成績突飛猛進，我的心中充滿了感激。（摘自康軒版第八冊國語，93）

「突飛猛進」從字面上解釋是急速飛騰，猛烈的向前躍進，比喻發展進步得很快。在這樣強烈的動作表現下，也有一種停不下來的持續性，將事物發展的可能性變得無窮無盡。

> 這時，臺下忽然遞過來一張紙條，他看了一眼，只見上面寫了兩個字「傻瓜」。邱吉爾知道有人想藉著這張紙條羞辱他，

他把紙條放在講臺上，神態自若的說：「剛才有位聽眾送來一張紙條。這位聽眾真糊塗，只在紙上簽下大名，卻忘了寫內容。」（摘自康軒版第九冊國語，8）

「神態自若」用簡單帶點文言的文字，鮮活的呈現一個人一如平常、從容不迫的神情態度，感覺就像是天塌下來也可以泰然處之。

獨裁統治的社會老百姓都噤若寒蟬，不敢表達自己的意見。（摘自康軒版第九冊國語，20）

「噤若寒蟬」用比喻的方式，貼切的形容一個人就像隆冬時期的蟬，失去了盛夏的生命力，希望靠著不說話避免耗費體力來撐過寒冬，因此用來比喻不敢說話。

如果你灰心喪志，退縮逃避，那麼你就像溫室裡的花朵一樣脆弱，無法面對生命中的風雨；如果你咬緊牙關，迎向挑戰，你才可能像小草一樣，到處繁衍，欣欣向榮。（摘自康軒版第九冊國語，34）

「咬緊牙關」寫實的描寫用盡力氣、咬牙苦撐的模樣，用來比喻忍受痛苦而堅持到底或意志堅定不移的意象非常生動且引起共鳴。

按部就班，一頁頁、一章章認真的讀，能深入體會作品的主旨和趣味。（摘自康軒版第十一冊國語，53）

「按部就班」描寫出一種井井有條的規律感。「部」和「班」指的是布局結構和組織層次。整句話的意思是：依照構思所得的布

局和層次安排章節，並且將適合的詞語放在確切的位置，被用來指按著布局、層次來行文。後來的人在使用這個成語時，就將範圍擴大，不但用於寫作文章時，還可以用在一般的事務上，用來比喻做事依照一定的層次、步驟進行。

　　雖然成語可增添文章的美感，但過於誇張的形容，不僅會破壞整體的美感，更會讓人啼笑皆非。例如：

> 鋪滿小白花的山路，像一條柔軟高貴的地毯，走起路來令人膽戰心驚。（摘自康軒版第十冊國語，33）

　　句子的前半段，用柔軟高貴的地毯來形容滿布油桐花的山路，的確給人優美的感受。但後半段用形容十分驚慌害怕的「膽戰心驚」來描述走在「地毯」上，不忍破壞其高雅的感受，便過分誇張了，也讓整個句子的情境變得很好笑。

四、富有音韻美感

　　成語在語音的表現上，不僅注意平仄和諧，扮演讓句子讀起來節奏分明的角色；也採用雙聲、疊韻、疊音、押韻等方式加強句子的音樂感。舉例來說：

> 湖水是個好畫家，把青山綠水畫下來。（摘自康軒版第四冊國語，67）

> 我們散步的時候，本來陽光既溫暖又燦爛，突然有一朵雲飄過，把山光水色都藏起來了。（摘自康軒版第六冊國語，54）

　　這兩個例子裡的「青山綠水」和「山光水色」的前後兩個音步構成平平仄仄式。

　　　寫作或說話時，為了產生真實感，讓人有身歷其境的感覺，會在句子裡加上「聲音」，使句子更加生動。(摘自康軒版第五冊國語，61)

　　　沒錯，越是責怪自己越是難過，而且於事無補，更何況同學也沒有責怪她的意思。(摘自康軒版第六冊國語，70)

　　這兩個例子裡的「身歷其境」和「於事無補」的前後兩個音步構成平仄平仄式。

　　　送給親友的時候，還可以祝他們心想事成，事事如意呢！(摘自康軒版第三冊國語，58)

　　　我非常感謝媽媽，不但讓大家吃得心滿意足，眉開眼笑，也為校外教學帶來更多歡樂。(摘自康軒版第八冊國語，35)

　　這兩個例子裡的「心想事成」和「心滿意足」的前後兩個音步構成平仄仄平式。

　　　小寶在操場跑步時，常常覺得頭暈，而且氣喘如牛。(摘自康軒版第五冊國語，50)

　　　這時百花盛開，鳥語花香，春天隨著孩子們的笑聲，又回到花園裡來了。(摘自康軒版第六冊國語，14)

這兩個例子裡的「氣喘如牛」和「鳥語花香」的前後兩個音步構成仄仄平平式。

真快，隨著時間悄悄的過去，我也在不知不覺中升上三年級。（摘自康軒版第五冊國語，13）

讓我們在他身上，自由自在的跳躍翻滾。（摘自康軒版第七冊國語，9）

這兩個例子裡的「不知不覺」和「自由自在」的前後兩個音步構成仄平仄平式。

兩個媽媽一起過節，真是兩全其美。（摘自康軒版第四冊國語，38）

昨天，我到書店要買一個鉛筆盒還給你，卻找不到一模一樣的。（摘自康軒版第六冊國語，74）

這兩個例子裡的「兩全其美」和「一模一樣」的前後兩個音步構成仄平平仄式。

這種把平鋪直敘的語氣改為疑問的語氣，叫「設問」修辭。（摘自康軒版第七冊國語，63）

但是當地居民生活散漫，總是把收入花費在菸酒上，還會「順手牽羊」把工地的東西拿走。（摘自康軒版第九冊國語，27）

這兩個例子裡的「平鋪直敘」和「順手牽羊」的前一個音步構成雙聲。

廟前的戲臺已經搭好布景，戲臺上鑼鼓喧天，微風吹起布簾一角，我看見演員們正在後臺化妝。（摘自康軒版第八冊國語，46）

面對五彩繽紛的美景，要怎樣下筆描寫才生動？（摘自康軒版第八冊國語，78）

這兩個例子裡的「鑼鼓喧天」和「五彩繽紛」的後一個音步構成疊韻。

每一件作品都栩栩如生，很多來參觀的朋友都嘖嘖稱奇呢！（摘自康軒版第六冊國語，29）

而這些僅存的光陰，從我們呱呱墜地那一刻起，就開始悄悄的溜走，毫不止息。（摘自康軒版第十冊國語，21）

這兩個例子裡的「栩栩如生」和「呱呱墜地」的前一個音步採用疊音。

她站在家門口東張西望。（摘自康軒版第四冊國語，68）

阿萬大聲的說：「外公外婆新年快樂，送你們橘子，祝你們大吉大利。」（摘自康軒版第八冊國語，21）

這兩個例子裡的「東張西望」和「大吉大利」的偶位數語素押韻。

詩歌中也能見到成語的身影。詩歌的特色之一是文字簡潔，就是要以簡短但精確的文字勾勒出作者所要表達的意境，概括性強及描繪性佳的成語當然就能在詩歌中佔有一席之地。除了意境上的優

勢，成語的四字格和音韻美感，讓詩歌讀起來更富有節奏性。舉例
來說：

> 重重疊疊上瑤臺／幾度呼童掃不開／剛被太陽收拾去／卻
> 叫明月送將來。（摘自康軒版第七冊國語，28）

這是宋代的著名文豪蘇軾所作的〈花影〉，語譯是樓臺上的花
影，一層一層相疊著，好幾次叫書僮把它們掃開，卻怎麼都掃不去。
花影剛剛被太陽帶走了，一會兒又讓月亮送回來。詩中的「重重疊
疊」用來形容被誤以為是飄落的樹葉或花朵的花影，鮮明的描繪出
影子的錯落有致、甚至能感覺到花影搖曳的動感。讓人不得不對蘇
軾豐富的想像力感到佩服。

> 過年好／過年好／ㄆㄧ ㄅㄧ ㄆㄚ ㄅㄚ放鞭炮／大街小巷
> 好熱鬧。（摘自康軒版第一冊國語，52）

這是給一年級新鮮人的詩歌，用簡單淺顯的文字描述新年的景
象。城市裡各處的街巷，傳來了歡慶新年的鞭炮聲。「大街小巷」
不僅文字簡單，也屬於望文生義的成語，概括了城市裡的每一個角
落，帶領學習者輕鬆的進入年節的熱鬧氛圍裡。

> 最後一個夏天／酸甜苦辣的滋味／只有我們才能夠品嚐和
> 體會。（摘自康軒版第十二冊國語，86）

這是六年級下學期國語最後一課的課文，即將畢業的孩子在小學
生涯中的最後一個夏天，回憶起這六年的時光。「酸甜苦辣」原意為
各種味道，也用來比喻生活中如意、失意等種種遭遇。細細品嚐後才
驀然發覺童年就像最後的夏天一樣漸去漸遠，不得不向它揮手道別。

最後，具表意功能和同音異字是中國文字的特色。諧音的運用，可以說是各種語言都有的一種修辭手法。而在漢語裡用得更廣泛、更多樣，尤其是它同漢字自行相連結構成的諧音析字更是漢語獨具的特色。因此，成語在語句中也可以扮演借形或借音生義的角色。例如：

> 每年柿餅節，很多外地的客人來這裡玩，都會到店裡吃一吃客家菜，也會買一些柿餅回去。送給親友的時候，還可以祝他們心想「事」成，「事事」如意呢！（摘自康軒版第三冊國語，58）

心想事成的「事（ㄕˋ）」與柿餅的「柿（ㄕˋ）」是同音字，用「心想事成」這樣帶有祝福意涵的成語，讓柿餅成為可以帶來幸運的伴手禮。

> 我在天燈上畫了很多成雙成對的月亮，希望未來的一年，能結交更多的「良朋好友」。（摘自康軒版第八冊國語，10）

良朋好友的「朋」由兩個月亮並列而成，成雙成對的月亮是比較感性的說法。藉由簡單的雙月圖像來傳遞自己想要廣交易友的心願，讓人覺得很有創意。

> 阿萬大聲的說：「外公外婆新年快樂，送你們橘子，祝你們大吉大利。」（摘自康軒版第八冊國語，21）

桔（ㄐㄩˊ）是橘的異體字，和大吉大利的「吉（ㄐㄧˊ）」發音很相近，藉此賦予「橘子」帶來吉祥順利的好兆頭。這樣的例子在農曆新年中十分常見，如：年年有魚的「魚（ㄩˊ）」音同剩餘的「餘（ㄩˊ）」，期望每一年不僅能衣食無虞還能有盈餘。

第三節　小結

　　成語扮演著讓話語或文章富有藝術性，讓人感受到語言美的角色。當我們利用成語表情達意時，如能講究的運用語文規則和表現手法，就能完美的表達一定的思想內容，讓我們所說的、所寫的臻於準確、鮮明、生動的境地，用來說服人、感動人。語言美呈現在語言的各結構層上，以國語教材中的成語來說，成語的數量、語法、修辭、語音便構成了鮮明的層次性。當這些結構層的美感集中融合之後，才能完美課文結構形式的整體美，並凸顯教材的版本特徵。

　　從成語數量這個層次談起，成語在教材中，不論是短句或是段落篇章，單獨出現的成語會因為出現的位置不同，扮演不同的角色。出現在文章前頭，有開門見山、破題的作用；出現在文章中段，有承接、加強或是轉折語意的作用；出現在文章的最後，則有畫龍點睛或是提綱挈領的效果。當成語成雙成對甚至是接二連三的情況出現在文句時，就看這些成語分布的位置是否能統整情境並協調語意。倘若搭配得宜，成語數量不僅能讓文章更為高雅，也能提供學習者越多學習的機會；反之，失去了協調性，便會出現模糊語意的弊病，並給人盲目堆砌成語為文造情的負面感受。

　　接著綜合語法與修辭兩個層次來說，語法成就規範美而修辭成就藝術美。經由本章第二節的詳盡探討，可以歸納出：成語的來源豐富，包含典籍、神話、寓言等，能充分體現中國文化的精神，自然的呈現文化美感；成語多為穩定的詞彙結構，具有語法結構及功能，加上它的概括性，放在文句中能產生的概念意義是精準明確的，呈現嚴謹的美感；成語本身多屬修飾性質的偏正型及敘述性質

的主謂型兩種語法結構，加上比喻的修辭手法，能激發想像，喚起讀者對所描繪事物產生具體形象的功能；成語的聲調富音樂性，四字格式帶來的四音節，讀來節節分明。統整上述說明便可看出成語在文本中的角色扮演具有文化美感、產生簡潔效應、極具形象功能、富有音樂美感四大功能。

總括來說，表達者需要依據陳述的目的、面對的角色、所處的場合等因素，適切的選擇成語來得到最佳的表現效果，當選擇有所偏頗，便會貽笑大方。這樣的過程可以稱作美的規律，讓語言文字的可能性達到最高峰，也就是使話語文章具有形美、音美和意美。本節談到的數量、語法及修辭三大要素，倘若能在國語教材中完美的結合，靈活的搭配運作，便能成功的達到形美、音美和意美三種美質。讓學習者聽了、看了會明白；聽了、看了會感動；聽了、看了會感興趣，透過閱讀課文的過程，得到豐富的語文知識另外搭配熟練的說話、寫作技能，一定能協助學習者作出美好的表達效果。這就是語文修養的過程，也是我們語文教育所衷心期盼的最終目的，讓學習者能靈活運用語言，創造語言的美感境界。

第七章　結論與建議

　　本研究以現行國小國語領域教材中的成語為研究語料，以 2007 年通過教育部審定的康軒版單一版本共十二冊為對象進行研究。首先將國小康軒版國語教材中的成語進行數量統計與分析，並利用平衡語料庫整理成語的實用性；接著再分析成語的語法結構、語法功能、修辭手法及修辭美學；最後由美學的角度，並從教材的文本出發，探討成語在教材中的角色扮演，期望能探究出教材成語的置入思維及版本特徵。

　　本研究的研究方法是根據各章節的問題性質，採用不同的研究方法來處理，分別是現象主義方法、語言學方法及美學方法。透過量化的技巧以及質化的分析，期望能以全面、系統性的態度對研究語料進行探討與分析，藉以推論其蘊含的意義。

　　本章共分兩節來呈現：第一節將本研究結果，加以歸納整理提出結論；第二節根據研究的發現及討論，擬具建議及後續研究方向，供教學者、教材編輯者和未來研究者作為參考。

第一節　結論

　　本節分別從康軒版國語教材中成語的內容分析及康軒版國語教材中成語的角色扮演兩方面的討論情況來進行總結。

一、康軒版國語教材中成語的內容分析

（一）教材中成語的年段分布由少到多符合學習歷程，但數量 略顯不足，各冊間的分布情形也不甚理想

　　康軒版國語教材共包含 408 個成語，如果扣除重複出現的部分則是 322 個成語。重複的成語多出現在「統整活動」，這是在每個單元結束後用來總括該單元學習內容與介紹語文常識的章節。康軒版國語教材在編排上隨著年段的升高而增加成語數量，從低年段的 12 個、中年段的 122 個到高年段的 274 個，這樣由少而多的分布現象，符合學習者的學習歷程。但重複出現的成語比例不高，學生在學習時不容易達到反覆練習、精熟學習的效果。另外，成語的數量不夠充足，從一至十二冊共 160 課，其中有 69 課是整篇課文中都沒有出現成語的文本。直到高年級，還是有成語分配不均的情形出現，同一冊中某幾課是一個成語也沒有，卻有幾課出現超過十個的成語。

（二）教材中成語在不在平衡語料庫出現或頻率過低的成語數 量略高

　　康軒版國語教材中成語的詞類幾乎屬於單一固定詞類，僅有 3 個成語會因在句子中的位置不同而改變詞類。其中動詞是比例最高的詞類，佔了 84%，遠遠超過其他的詞類。另外，不被平衡語料庫收錄的成語共有 54 個，加上在語料庫的出現筆數為 1 至 2 筆的 35

個成語，共有 89 個成語在現代漢語用法中，屬於罕見詞彙。也就是說，康軒版國語教材收錄的成語有不少是現代漢語裡不常被使用的語彙。

（三）教材中成語的語法結構以完全二二相承式中並列型的偏正＋偏正型最多

　　康軒版國語教材中的成語，從完全二二相承式和不完全二二相承式兩大方面看來，以完全二二相承式所佔的比例略高，為 58%。在完全二二相承式方面，並列型的成語又比非並列型的成語來得多，分別為 64%和 36%。並列型的成語以偏正＋偏正型的數量最多，佔了 46%；非並列型的成語以主謂式的數量最多，佔了 43%。另外，在不完全二二相承式方面，以偏正關係型的數量最多，佔了 33%。從各冊的分布情形來看，一至十二冊中沒有任何一冊含括所有的語法結構類型。

（四）教材中成語的語法功能以謂語功能次數最多

　　康軒版國語教材中的成語中，有 271 個隨著課文文句出現。這些成語在句子中的語法功能，雖然也包含了單獨成句與分句等功能，但分別只有 4 次和 18 次，跟作為詞組的情形相較之下所佔的比例很低。次數最多的是作為詞組時的謂語功能，出現了 101 次，符合經平衡語料庫的調查動詞是比例最高的詞類這樣的結果。從各冊的分布情形來看，一至十二冊中沒有任何一冊含括所有的語法功能類型。

（五）教材中成語的修辭手法以比喻最多

康軒版國語教材中的成語修辭手法以比喻最多，出現了 210 次，包含明喻、暗喻及借喻，其中又以借喻的 194 次，佔了絕大多數。因為多數成語具有雙重意涵，就是字面意義和引伸意義兩種，使得成語常常是話中有話，帶有借喻的修辭手法。另外，從成語本身具有的修辭手法數量來看，以帶 2 種修辭手法的數量最多，有 112 個，也有 49 個這樣部分本身不帶修辭手法、平鋪直敘型的成語出現在教材中。從各冊的分布情形來看，一至十二冊中沒有任何一冊含括所有的修辭手法類型。

（六）教材中成語的修辭美學以優美類型佔絕大多數

康軒版國語教材中的成語修辭美學以優美最多，包括語言形式優美、語言意涵優美、甚至是二者兼備。這樣的數量遠遠超過其他的修辭美學類型，有 203 個，也有 24 個算是少部分本身不含美學類型的成語出現在教材中。總括來看，很明顯優美類型已經強壓過其他的修辭美學類型，形成偏頗的情形。從各冊的分布情形來看，第八冊、第九冊、第十冊及第十一冊等四冊，含括了所有的修辭美學類型，但仍以優美類型佔絕對多數。

二、康軒版國語教材中成語的角色扮演

（一）成語數量並非越多越好，而且會依據所處位置不同而產生不同的效果

　　成語在國語教材中，不論是短句或是段落篇章，單獨出現的成語會因為出現的位置不同，扮演不同的角色。出現在文章前頭，有開門見山、破題的作用；出現在文章中段，有承接、加強或是轉折語意的作用；出現在文章的最後，則有畫龍點睛或是提綱挈領的效果。當成語成雙成對甚至是接二連三的情況出現在文句時，就看這些成語分布的位置是否能統整情境並協調語意。倘若搭配得宜，使文句有一貫的流暢性，那麼增加成語數量，能扮演的角色就愈多樣化。例如：強調的、對比的、總結的……等，不僅能讓文章更為高雅，語境更加深刻明確，也能提供學習者越多學習的機會。反之，失去了協調性，便會出現到處是重點，但失去語言重心、模糊語意的弊病，並給人盲目堆砌成語為文造情的負面感受。

（二）文本融合了成語語法和修辭，變得簡潔有力更具形象功能，加上音韻的多樣性，產生豐富的文化美感

　　成語以詞組的容量、詞的性質進入語言系統，來源包括了濃縮神話傳說、概括歷史事實、記述奇聞軼事、節錄詩詞歌賦等，讓成語用短小的形式來表達完整故事的精華，不僅體現了中華文化的精粹，展現文化之美，在語義上也有很強的概括性。而成語本身多屬修

飾性質的偏正型及敘述性質的主謂型兩種語法結構，加上大量比喻
的修辭手法，容易讓個人依自己的美感來作具體形狀或姿態的聯
想，讓成語具有真實的可感性，喚起讀者對所描繪事物產生清晰、
鮮活的形象功能。另外，成語多為兩兩相對的格式，透過前後音步
的音調平仄相對、相黏來表現出節奏和韻律，形成了明快的節奏及
和諧優美的韻律，增強了音韻美感，也帶給人形式整齊、鏗鏘有力
的美感享受。如果無法適切利用成語的這些優點，便會適得其反。
如錯用典故，讓人不知所云；過分形容，產生匪夷所思的誇張表現；
成語錯置，成為令人啼笑皆非的病句等。讓人不得不重視語法和修
辭的重要性。

第二節　建議

　　本節依據研究的分析與歸納的結果，並配合我對國小當前教育
現況的認知，分別對教學者、教材編輯者及未來研究者提出建議，
期望能提供大家作為明確可用的參考資料。

一、對教學者的建議

（一）鼓勵學生學習成語

　　1. 協助學生篩選書籍，鼓勵學生大量閱讀。從閱讀的經驗了解
　　　正確的成語用法，運用的場合、時機及對象，缺一不可。也

可直接透過閱讀成語故事，深入了解成語的來龍去脈，並順便體驗中華文化美的所在。

2. 鼓勵學生養成隨手查閱成語的習慣，不論是紙本或是網路線上的成語辭典，都可供查詢成語正確的讀法及寫法，加上成語的出處、字面意義、引伸意涵以及成語造句、成語接龍等，除了可以幫助學生學會大量的成語，也能培養九年一貫中獨立思考與解決問題的自學能力。

3. 鼓勵學生多用成語，不論是在日常生活的言談或是書面的造句寫作，都可以適時適量的加進成語。但不需刻意的去使用艱深或冷僻的成語，加重學習上的困難度，讓學生對成語產生排斥感。

（二）發揮教師專業能力

1. 營造有利成語學習的情境。利用教室一隅布置成語學習角，由教師或學生輪流提供成語資料，如：成語故事、成語造句等。也可善用瑣碎的空白時間，如晨光時間，由教師講述或請學生表演成語故事。從空間與時間兩方面，營造豐富生動的成語學習情境。

2. 避免死板和教條式的成語教學模式。實際觀察教學現場，不外乎是背誦與造句這樣的成語教學模式，學生常常是知其然不知其所以然，增加誤用成語的機率。教師不妨發揮巧思，將成語教學生活化、趣味化、多樣化，如：藉由新聞時事介紹成語；利用資訊融入賦予成語聲光效果，提高學生的學習動機等。

3. 體察教材中缺乏的概念並加以補充。根據本研究的分析發現，各冊的成語教學內容都不盡完善。教學者可針對各冊不足的部分，如成語的語法、成語的修辭、成語的數量及成語的意涵等，為孩子作適時、適量的補充教學，或是結合其他領域作更全面性的推廣，以提升成語教學的價值。

4. 充實本身的語文專業知識。國小導師多為包班制，一人要兼顧國語、數學等不同領域的教學，偶而會發生樣樣行卻樣樣不精的窘況。尤其是語法的部分，也許比較艱深常被棄之不談。因此，建議教學者本身也要不斷為自己充電，才能給予學生正確的指導。

二、對教材編輯者的建議

（一）在教材文本的編寫上

重視文本中成語的數量位置、語法與修辭帶來的影響。應該依據文章陳述的目的、面對的角色、要營造的情境等因素，適切的選擇成語來得到最佳的表現效果，而不必過於拘泥在生、難字的窠臼上。讓學生從形式正確、意境優美的範文中得到最佳的學習效果。到了高年段，甚至可以編寫培養具體運用成語得當的教材，積極鼓勵學生進一步了解成語在文本中扮演的角色，作為學生仿作摹寫的最佳範本。

（二）在整體教材的編輯上

1. 從數量、語法與修辭的角度加強成語多元性與完整性。同一年段的各冊中，甚至是每課課文中包含的成語數量、語法及修辭類型數量要足夠並儘量均勻分布，避免成語數量懸殊或是語法修辭類型太過偏重於某一種類型的情況發生。
2. 選編成語時要從語用的角度，挑選符合現代漢語潮流的成語，以免學生學習過於艱澀冷僻的成語，不僅造成學習上的困難，也影響學生實際在對話或書面運用上的可行性。
3. 配合學生的認知發展善加利用「統整活動」的單元。建議從中年級開始帶入成語，從認識成語、運用成語兩大面向，搭配相關的語文知識，如：簡單的語法知識、常見的修辭類型以及美學概念等，有系統的作由淺入深、循序漸進的介紹，並安排實際的教學活動及練習機會，讓學生不僅對成語有基本的認識，更能熟練的運用成語。

三、對未來研究者的建議

（一）研究主題方面

　　本研究的主題為熟語中的成語，但成語的定義眾說紛紜，且跟和其他熟語類型如諺語之間的界線模糊。因此，我採取的定義，僅能從我本身對成語的認知，歸納及統整各家學說作為認定及判斷，不免有所侷限或偏頗。建議未來的研究者，在主題上可進一步以熟

語作為研究主題，也可將二字、三字、甚至五字以上的成語一併納入研究的語料，或許能分析出更多元的概念；而在研究類目也能有更多不同層次和面向，發展出更完整的熟語教學範疇。

（二）研究對象方面

本研究因為蒐集資料不易及我本身的能力與時間有限，只能選用康軒版的國小國語教材這樣單一階段、單一學科且單一版本作為研究對象。因此，從兩方面建議未來的研究者：一是從不同階段及領域來作研究，可以考慮從國中、高中等學習階段或是文本也甚為豐富的社會領域作為對象，也可以融合不同階段或不同領域中的成語來作比較，或許更能發覺成語的價值內涵；二是從不同年代及版本來進行研究，藉由比較不同時代的教材中包含的成語概念或不同版本的教材特徵，將可對整體課程發展有更全面的了解。另外，廣義的教材，包含了課本、習作與教師手冊，本研究僅針對課本、甚至在語法功能部分只針對課文中的文句進行研究，建議未來的研究者，可以考慮含括習作等一併作研究。

（三）研究方法方面

本研究主要以現象主義方法、語言學方法及美學方法，來對康軒版國小國語教材中的成語進行分析及討論，所得的分析結果僅能呈現教材中成語的各項內涵，無法得知教師在實際的教學現場中，如何應用教材進行成語教學。因此，建議未來的研究者，可以行動研究或配合調查、訪談與觀察等研究方法來配合研究，期望能夠

對現今國小成語教學的真實情形，作一番更為透徹與不同面向的
了解。

參考文獻

一、專書：

M. A. K. Halliday（2000）。《功能語法導論》。北京：外語教學與研究。

于丹（2007）。《于丹《莊子》心得》。臺北：聯經。

王勤（2006）。《漢語熟語學》。濟南：山東教育。

王夢鷗（1976）。《文學概論》。臺北：藝文。

王德春（1983）。《修辭學探索》。北京：北京。

王德春、陳晨（2001）。《現代修辭學》。上海：上海外語教育。

中國社會科學院語言研究所辭典編輯室編（2005）。《現代漢語辭典
　　（五版）》。北京：商務。

史式（1979）。《漢語成語研究》。重慶：四川人民。

朱祖延主編（1999）。《漢語成語辭海》。武漢：武漢。

朱德熙（1982）。《語法講義》。北京：商務。

吳月珍、柴春華主編（1997）。《漢語修辭學研究與應用》。開封：
　　河南人民。

吳敏而（1997）。《國語文學習的迷思》。臺北：臺灣省國民學校教
　　師研習會。

呂叔湘、朱德熙（1979）。《語法修辭講話》。北京：中國青年。

呂叔湘（1989）。《中國俗語大辭典》。上海：上海辭書。

何承傳（2000）。《語海》。上海：上海文藝。

李新連、羅新芳、樊鳳珍（1997）。《成語和諺語》。鄭州：大象。

汪麗炎（1998）。《漢語修辭》。上海：上海大學。

周荐（2004）。《詞彙學詞典學研究》。北京：商務。

周慶華（2004）。《語文研究法》。臺北：洪葉。

周慶華（2007）。《語文教學方法》。臺北：里仁。

周祖謨（1959）。《漢語詞彙講話》。西安：人民教育。

竺家寧（1999）。《漢語詞彙學》。臺北：五南。

邵敬敏主編（2002）。《現代漢語通論參考文獻精選》。上海：上海
　　教育。

林燿德主編（1993）。《當代臺灣文學評論大系‧文學現象卷》。臺
　　北：正中。

范曉、張豫峰等（2008）。《語法理論綱要》。上海：上海譯文。

范淑存、于云（1991）。《成語中的古漢語知識》。北京：中國經濟。

唐樞主編（2000）。《成語熟語辭海》。臺北：五南。

馬國凡（1998）。《成語》。呼和浩特：內蒙古人民。

馬惠玲（2007）。《言意關係的修辭學闡釋：漢語雙重意義修辭研究》。
　　上海：學林。

徐國慶（1999）。《現代漢語詞匯系統論》。北京：北京大學。

孫維張（1989）。《漢語熟語學》。長春：吉林教育。

張登岐（2005）。《漢語語法問題論稿》。合肥：安徽大學。

張寶勝（2007）。《語法研究論稿》。上海：學林。

曹石珠（2006）。《漢字修辭研究》。長沙：岳麓。

符淮青（2004）。《現代漢語詞彙》。北京：北京大學。

陳春城主編（1997）。《活用成語分類辭典》。高雄：河畔。

陳望道（2006）。《修辭學發凡》。上海：上海教育。

陳鐵君主編（2004）。《遠流活用成語大辭典》。臺北：遠流。

陳光磊（2001）。《修辭論稿》。北京：北京語言大學。

陳蘭香（2008）。《漢語詞語修辭》。北京：中國社會大學。

湯廷池（1981）。《語言學與語文教學》。臺北：學生。

湯廷池（1992）。《漢語詞法句法三集》。臺北：學生。

黃宣範譯（1999），Rodman原著。《語言學新引》。臺北：文鶴。

黃宣範譯（2007），Rodman原著。《語言學新引（新版）》。臺北：
　　文鶴。

黃慶萱（2007）。《修辭學》。臺北：三民。

楊慧文（1999）。《大陸義務教育教材之研究——小學語文教材之分析》。高雄：復文。

溫端政（2005）。《漢語語匯學》。北京：商務。

溫端政、周荐（2000）。《二十世紀的漢語俗語研究》。太原：山西人民。

榮國英（2007）。《語苑探微》。北京：中國水利水電。

劉葉秋、苑育新、許振生編（1992）。《成語熟語辭典》。北京：商務。

劉月華、潘文娛、故韡（2001）。《實用現代漢語語法》。北京：商務。

劉叔新（1995）。《漢語描寫詞彙學》。北京：商務。

鄭清文（1998）。《三腳馬》。臺北：麥田。

駱世平（2006）。《英語習語研究》。上海：上海外語教育。

韓荔華（2007）。《語言應用研究論集》。北京：旅游教育。

辭海編輯委員會編（2001）。《辭海》。上海：上海辭書。

二、期刊論文：

王文松（1994）。〈漢語詞彙與漢語修辭〉。《曲靖師專學報》，14，28-33。

向玉洪（1999）。〈積累誤區——成語教學管見〉。《中學語文教學》，11，39-40。

何永清（2005）。〈成語的語法與修辭及其教學探究〉。《臺北市立師範學院學報》，36（1），1-24。

李振清（1987）。〈談華語教學中的語法問題〉。《華文世界》，46，7-9。

林怡佩（2007）。〈成不成！很重要！——從93～95學年國中基測談成語在基測中的重要性〉。《國文天地》，3（6），61-66。

周家雄（1996）。〈巧用成語複習文言語法〉。《語文教學語言與研究》，9，31。

姚榮松（1987）。〈語法在小學華語教學活動中的角色〉。《華文世界》，46：18-28。

孫光貴（2002）。〈慣用語的定義與熟語的分野〉。《長沙電力學院學報》（社會科學版），17（3），101-103。

徐國慶（1999）。〈試談四字格的語用差別〉。《語文建設》，2，13-15。

高齡芬（2008）。〈人生第九味──淺談譬喻修辭法〉。《中國語文》，613，34-40。

張宏（2008）。〈成語的變異運用及其修辭闡釋〉。《國文天地》，23（9），93-98。

張光宇（1987）。〈我們迫切需要一部「學校文法」〉。《華文世界》，46，10-16。

張先足（2001）。〈談成語教學的分階段複習法〉。《中學語文教學》，3，49-50。

莫彭齡（2003）。〈「四字格」與成語修辭〉。《常州工學院學報》，16（3），54-58。

陳新（2007）。〈漢語成語典故的語源本義與文化色彩及情感價值〉。《國文天地》，22（10），76-80。

陳木城（2003）。〈成語裡的比喻〉。《小作家月刊》，111，64-66。

陶原珂（2002）。〈試析漢語四字格成語的類型及其釋義方式〉。《ACADEMIC RESEARCH》，9，23-40。

黃兵（2004）。〈漢語成語修辭的文化闡釋〉。《宿州師專學報》，19（1），44-45。

黃居仁（1987）。〈現代語法理論與華文語法教學〉。《華文世界》，46，1-6。

楊全紅（1997）。〈成語諧音廣告斷想〉。《廣東商學院學報》，1，64-68。

楊如雪（1999）。〈漫談四音節熟語的結構〉。《國文天地》，15（7），76-81。

楊翠蘭（2005）。〈漢語成語的語法功能研究〉。《煙臺教育學院學

報》，11（3），23-26。

楊翠蘭（2005）。〈試析漢語四字格成語的類型及其釋義方式〉。《煙臺教育學院學報》，11（3），73-76。

楊鴻銘（2003）。〈成語修辭分析（下）〉。《孔孟月刊》，41（8），42-49。

楊鴻銘（2003）。〈成語修辭分析（上）〉。《孔孟月刊》，41（7），42-49。

寧皖平（2003）。〈從成語看古代漢語語法特徵〉。《經濟與社會發展》，1（8），120-124。

劉振前、刑梅萍（2000）。〈漢語四字格成語語義結構的對稱性與認知〉。《世界漢語教學》，1，77-81。

潘曉紅（2004）。〈語文教學中妙用成語偶得〉。《語文教學與研究》，14，78-79。

鄭萍（2004）。〈成語中的語法知識教學管見〉。《黔南民族師範學院學報》，2，46-49。

鄭雅霞、黃居仁（1989）。〈成語的語法表達形式與自然語言分析〉。《國文天地》，5（6），58-62。

龍青然（1995）。〈成語中的隱喻格式〉。《邵陽師專學報》，4，29-31。

薛梅（2006）。〈詞語的形象功能與修辭審美〉。《平原大學學報》，23（4），84-97。

羅新芳、趙瑛（1995）。〈漢語成語四字格淺論〉。《天中學刊》，10（4），62-63。

譚汝為（1999）。〈論比喻型成語〉。《中國現代文學理論季刊》，3，412-420。

三、學位論文：

王健（2002）。《漢語固定語論與英語相關範疇研究》。天津師範大學研究生部漢語言文字學碩士論文（未出版）。

王月鳳（2004）。《國民小學本國語文審定本成語內容分析之研究》。新竹教育大學進修部語文教學碩士論文（未出版）。

左東琳（2002）。《語文教學中的成語教學》。遼寧師範大學研究生部學科教學（語文）碩士論文（未出版）。

安美真（2005）。《數字與漢語成語》。天津師範大學研究生部漢語言文字學碩士論文（未出版）。

高紅芳（2004）。《論漢語成語在中學語文學科中的教學功能》。內蒙古師範大學研究生部學科教學（語文）碩士論文（未出版）。

涂淑遠（2006）。《國小高年級國語教材中成語之內容分析及教學研究》。花蓮教育大學國民教育研究所語文科教學碩士論文（未出版）。

張君松（2005）。《泰國學生學習中文成語的困難及教學補救策略》。臺灣師範大學華語文教學研究所碩士論文（未出版）。

黃玲玲（1982）。《當代常用四字成語研究》。東海大學中國文學研究所碩士論文（未出版）。

黃瓊慧（2000）。《成語辭典的編纂理念研究》。中國文化大學中國文學研究所碩士論文（未出版）。

董珍蘭（2006）。《漢語體態成語研究》。華中師範大學研究生部漢語言文字學碩士論文（未出版）。

蔡智敏（2001）。《學習中文四字格成語的困難及教學補救策略——以印尼學生為例》。臺灣師範大學華語文教學研究所碩士論文（未出版）。

鄭培秀（2005）。《成語語法分析及其教學策略研究》。中山大學中國文學系碩士論文（未出版）。

關冰（2004）。《形容詞性成語語法結構及功能研究》。吉林大學語言學及應用語言學碩士論文（未出版）。

蘇靜芳（2004）。《國中國文成語教學之研究》。高雄師範大學國文學系教學碩士論文（未出版）。

四、網路資源：

中央研究院資訊所、語言所詞庫小組編製（2001）。《中央研究院現代漢語平衡語
料庫》（4.0 版）。取自 World Wide Web:http://www.sinica.edu.tw/Sinica Corpus/，點閱日期：2008.5.30。

國民中學學生基本學力測驗推動工作委員會（2005）。《96（2007）年第 1 次國
民中學學生基本學力測驗國文科題本》。取自 World Wide Web: http://www.bctest.ntnu.edu.tw/，點閱日期：2008.2.13。

教育部國語推行委員會編輯（2005）。《教育部成語典》（正式版一版）。取自 World Wide Web: http:// 140.111.34.46/chengyu/，點閱日期：2008.4.2。

第三屆全球華文網路教育研討會──臺灣論文（2003）。〈從語言經濟省力原則與禮貌原則看成語，兼談成語網站：成語博覽會建置理念與使用簡介〉。取自 World Wide Web:http://edu.ocac.gov.tw/discuss/academy/netedu03/ -papers/ C12.pdf，點閱日期：2008.8.24。

黑嘉麗的部落格（2006）。《成語冷笑話》。取自 World Wide Web: http://tw.myblog.yahoo.com/jw!Z_IsTiWLBRalSVZUjrVd_A--/article?mid=24300/點閱日期：2008.2.13。

臺北縣教育研究發展中心（2006）。〈臺北縣 96（2007）年教材版本分析總說明〉。
取自 World Wide Web: http://src.tpc.edu.tw/96book/，點閱日期：2008.3.12。

聯合新聞網（2007）。〈國文 天雨修屋卻放晴 無遠慮？〉。取自 World Wide Web:http://mag.udn.com/mag/campus/storypage.jsp，點閱日期：2008.6.30。

聯合新聞網（2007）。〈成語爭議──余光中：成語是文化現鈔〉。取自 World Wide Web:http://mag.udn.com/mag/campus/storypage.jsp，點閱日期：2008.6.30。

五、視聽媒體部分：

張曼娟（講述者）（2008）。《張曼娟的「成語學堂」》〔學術演講DVD〕。親子天下編輯團隊製作／天下雜誌發行。

附錄一

語料來源

康軒文教事業（2007）。《國小國語第一冊（一上）》。臺北：康軒
　　文教。

康軒文教事業（2007）。《國小國語第二冊（一下）》。臺北：康軒
　　文教。

康軒文教事業（2007）。《國小國語第三冊（二上）》。臺北：康軒
　　文教。

康軒文教事業（2007）。《國小國語第四冊（二下）》。臺北：康軒
　　文教。

康軒文教事業（2007）。《國小國語第五冊（三上）》。臺北：康軒
　　文教。

康軒文教事業（2007）。《國小國語第六冊（三下）》。臺北：康軒
　　文教。

康軒文教事業（2007）。《國小國語第七冊（四上）》。臺北：康軒
　　文教。

康軒文教事業（2007）。《國小國語第八冊（四下）》。臺北：康軒
　　文教。

康軒文教事業（2007）。《國小國語第九冊（五上）》。臺北：康軒
　　文教。

康軒文教事業（2007）。《國小國語第十冊（五下）》。臺北：康軒
　　文教。

康軒文教事業（2007）。《國小國語第十一冊（六上）》。臺北：康
　　軒文教。

康軒文教事業（2007）。《國小國語第十二冊（六下）》。臺北：康
　　軒文教。

附錄二

2007 年康軒版國語教材成語一覽表
（依首字的筆畫數由少到多排序）

編號	成語	出處
1	一五一十	B5-L3
2	一目了然	B6-統整活動四；B9-統整活動四
3	一馬當先	B5-L13
4	一望無際	B10-L5
5	一清二楚	B8-L11；B10-L2
6	一路順風	B12-L11
7	一鳴驚人	B12-L8
8	一模一樣	B6-L12；B12-統整活動三
9	七嘴八舌	B8-L2
10	二話不說	B11-L11
11	人山人海	B6-統整活動四
12	人云亦云	B11-L13
13	力透紙背	B9-統整活動三
14	三三兩兩	B5-L3
15	三年五載	B8-統整活動二
16	千千萬萬	B9-L6；B9-統整活動二
17	千辛萬苦	B9-L4；B12-L5
18	千變萬化	B8-L6
19	口若懸河	B10-統整活動一
20	大吉大利	B8-統整活動一
21	大街小巷	B1-L8

編號	成語	出處
22	大開眼界	B6-L8；B8-L11；B11-L7
23	大禍臨頭	B9-L3
24	小心翼翼	B8-L2
25	山光水色	B6-L9
26	不亦樂乎	B12-L11
27	不屈不撓	B9-L5
28	不明不白	B9-L3
29	不知不覺	B5-L2；B5-L3；B10-L12
30	不知所云	B12-統整活動三
31	不約而同	B7-L7
32	不疾不徐	B10-統整活動五
33	不假思索	B10-L9
34	不偏不倚	B6-統整活動一
35	不勝枚舉	B11-L14
36	五花八門	B11-L13
37	五彩繽紛	B8-統整活動四；B11-L13
38	分工合作	B4-L6
39	切磋琢磨	B10-統整活動一
40	化險為夷	B11-L5
41	天花亂墜	B9-統整活動一；B10-統整活動一
42	天真爛漫	B10-L10

編號	成語	出處	編號	成語	出處
43	引而不發	B11-L12	68	目不暇給	B10-L8
44	引吭高歌	B10-統整活動一	69	先見之明	B10-L13
45	心存芥蒂	B11-L3	70	全力以赴	B11-L3
46	心灰意冷	B11-L1	71	刎頸之交	B11-統整活動一
47	心花怒放	B10-統整活動一	72	同心協力	B11-統整活動五；B12-L8；B12-L10
48	心想事成	B3-L10			
49	心滿意足	B8-L6；B8-統整活動二；B11-L10	73	同甘共苦	B12-L10
			74	各式各樣	B7-L8
50	手舞足蹈	B10-L12	75	各就各位	B11-L3
51	日以繼夜	B12-L8	76	名山大川	B12-L5
52	日新月異	B8-L12；B11-L14	77	名不虛傳	B10-L13
53	出奇制勝	B9-統整活動一	78	合情合理	B9-統整活動四
54	半信半疑	B9-統整活動一	79	回味無窮	B8-L14
55	半途而廢	B8-L10；B8-統整活動四	80	多災多難	B8-統整活動二
			81	如獲至寶	B12-L2
56	古色古香	B5-L6	82	字裡行間	B5-統整活動一；B10-L11
57	四面八方	B6-統整活動三			
58	四海一家	B9-L4	83	守株待兔	B5-L13；B5-統整活動五
59	四通八達	B11-L7			
60	左鄰右舍	B4-L12；B11-L10	84	成千上萬	B11-L13
61	平鋪直敘	B7-統整活動三；B8-統整活動二；B9-統整活動三；B11-統整活動二	85	成群結隊	B9-L9
			86	成雙成對	B8-L2
			87	扣人心弦	B10-L11
			88	有始有終	B5-L8；B5-統整活動三
62	打草驚蛇	B5-L13	89	有板有眼	B8-統整活動四
63	打退堂鼓	B11-L10；B11-統整活動四	90	有氣無力	B5-L14
			91	有條有理	B11-統整活動四
64	永無止境	B8-12	92	有福同享	B12-L10
65	生生不息	B9-L6；B9-統整活動二	93	有難同當	B12-L10
66	生龍活虎	B5-13；B5-統整活動五	94	百感交集	B11-L3
67	生離死別	B19-L11	95	老弱殘兵	B10-L13

編號	成語	出處
96	耳目一新	B11-統整活動四
97	耳熟能詳	B12-L7；B12-統整活動三
98	自由自在	B7-L1；B7-統整活動三；B10-L10；B10-統整活動五
99	自言自語	B10-L13
100	自怨自艾	B12-統整活動三
101	自給自足	B9-L9
102	至理名言	B7-統整活動四
103	姹紫嫣紅	B11-L13
104	似是而非	B10-L9
105	似曾相識	B10-L10；B10-統整活動五
106	克紹箕裘	B10-統整活動一
107	兵來將擋	B10-L13
108	冷嘲熱諷	B8-L11
109	別出心裁	B10-L14
110	判若兩人	B8-統整活動四
111	吞吞吐吐	B5-L11
112	妙趣橫生	B11-統整活動二
113	形形色色	B7-L2；B12-L8
114	形單影隻	B9-L9
115	志同道合	B8-L13
116	志在四方	B12-L5
117	投桃報李	B6-統整活動三
118	抑揚頓挫	B10-統整活動二
119	沈魚落雁	B10-統整活動一
120	言之有物	B10-統整活動四
121	言之有理	B10-統整活動一
122	足智多謀	B11-L5

編號	成語	出處
123	身歷其境	B5-統整活動三；B11-L14
124	並駕齊驅	B11-L3
125	事半功倍	B10-統整活動一
126	依依不捨	B7-L2；B7-L12；B7-統整活動四；B10-統整活動四；B12-L8；B12-L11
127	兩全其美	B4-L7
128	刮目相看	B12-L10
129	受用無窮	B10-L2
130	呱呱墜地	B10-L3
131	固若金湯	B12-L6
132	夜以繼日	B11-L8
133	夜深人靜	B9-L10
134	奇形怪狀	B7-L2
135	奇花異草	B11-L7
136	念念不忘	B9-L4
137	招財進寶	B3-L14
138	拍案叫絕	B9-統整活動二；B12-L10
139	於事無補	B6-L11
140	易如反掌	B11-L10
141	東倒西歪	B3-L15
142	東張西望	B4-L12
143	欣欣向榮	B9-L6
144	爭先恐後	B12-統整活動一
145	狐假虎威	B11-L6
146	表裡如一	B5-統整活動一
147	金碧輝煌	B11-L7
148	金蟬脫殼	B10-L7

編號	成語	出處	編號	成語	出處
149	雨過天青	B9-L10	178	容光煥發	B9-統整活動五
150	青山綠水	B4-L11；B6-L9	179	息息相關	B11-統整活動五
151	亭臺樓閣	B11-L7	180	栩栩如生	B6-L5；B11-L9
152	信以為真	B10-L9	181	氣定神閒	B10-L13
153	冠蓋雲集	B11-統整活動四	182	氣喘吁吁	B4-L11
154	威震天下	B12-L6	183	氣喘如牛	B5-L8
155	度日如年	B8-統整活動一	184	氣勢磅礴	B11-L9
156	後顧之憂	B12-L3	185	浩浩蕩蕩	B8-統整活動五
157	怨聲載道	B8-統整活動二	186	真相大白	B11-L5
158	恍然大悟	B9-L3；B10-L8	187	神色自若	B9-L9；B9-統整活動三
159	按部就班	B11-統整活動二	188	神采奕奕	B9-統整活動五
160	持之以恆	B5-統整活動三；B10-L2	189	神態自若	B9-L1
161	拾金不昧	B6-統整活動四	190	神機妙算	B10-L13
162	津津有味	B11-L2；B11-L5	191	茹毛飲血	B8-L12
163	珍禽異獸	B11-L7	192	逃之夭夭	B10-L7
164	相依為命	B10-L12	193	追根究底	B10-L9
165	相應不理	B9-統整活動一	194	針鋒相對	B9-統整活動一
166	眉開眼笑	B8-L6；B8-統整活動二	195	馬到成功	B5-L13；B5-統整活動五
167	突如其來	B12-L4	196	高談闊論	B9-L1；B9-統整活動一；B10-L13
168	突飛猛進	B8-統整活動五			
169	約定俗成	B9-統整活動一	197	偷工減料	B12-統整活動三
170	美不勝收	B10-L8	198	參差不齊	B5-統整活動三
171	美輪美奐	B12-L6	199	密不透風	B12-L4
172	若無其事	B10-L13	200	得心應手	B8-統整活動二；B10-L2
173	迫不及待	B8-L14			
174	重重疊疊	B7-L4；B7-統整活動四；B10-統整活動二	201	從容不迫	B7-統整活動四
			202	患難之交	B12-L10
175	面面相覷	B9-L3	203	患難與共	B8-統整活動二
176	借題發揮	B11-L3	204	悠閒自在	B7-統整活動三
177	家喻戶曉	B9-統整活動二	205	悠閒自得	B12-L1

編號	成語	出處
206	情景交融	B9-L11
207	捲土重來	B8-L9
208	接二連三	B7-統整活動一；B8-L12
209	捨己救人	B6-統整活動四
210	理直氣壯	B7-L5
211	異想天開	B10-L10
212	眾目睽睽	B12-L10
213	眾叛親離	B8-統整活動四
214	習以為常	B10-L9
215	莫名其妙	B11-L11
216	貪生怕死	B8-統整活動一
217	趾高氣昂	B7-統整活動五
218	魚米之鄉	B11-L7
219	鳥語花香	B6-L3
220	喜怒哀樂	B10-L12
221	喋喋不休	B11-統整活動四
222	喃喃自語	B10-L3
223	悲歡離合	B10-L12
224	悶悶不樂	B6-L11；B10-統整活動四
225	晴空萬里	B7-L3
226	湖光山色	B11-L7
227	無名英雄	B5-L12
228	無地自容	B11-L11
229	無拘無束	B10-L10；B10-統整活動五
230	無時無刻	B9-L13
231	無理取鬧	B11-L3
232	無精打采	B9-統整活動五
233	無影無蹤	B11-L11

編號	成語	出處
234	無緣無故	B8-統整活動一
235	無邊無際	B9-L8
236	畫蛇添足	B11-L6
237	絞盡腦汁	B8-L10
238	絡繹不絕	B10-統整活動一
239	跋山涉水	B10-L11
240	雲消霧散	B6-L9
241	順手牽羊	B9-L4
242	順流而下	B9-L9
243	飲酒作樂	B12-L6
244	黑白分明	B10-L5
245	填街塞巷	B10-統整活動一
246	意猶未盡	B9-統整活動二；B11-統整活動四；B12-L1；B12-L8
247	意想不到	B7-L9
248	慌慌張張	B5-L11
249	楚楚可憐	B11-L2
250	源源不絕	B12-L8；B12-L8
251	溫文儒雅	B11-L10
252	滔滔不絕	B11-統整活動四
253	煞有其事	B10-L12
254	當之無愧	B8-L11
255	萬馬奔騰	B10-L13
256	落荒而逃	B11-L6
257	蜂擁而來	B6-統整活動三
258	詩情畫意	B11-L13
259	詩詞歌賦	B10-L11
260	達官貴人	B11-統整活動四
261	過目不忘	B6-統整活動二
262	兢兢業業	B12-統整活動一

編號	成語	出處	編號	成語	出處
263	夢寐以求	B10-L10	292	獨一無二	B12-L9
264	慘不忍睹	11-L2	293	興致勃勃	B11-L10；B11-統整活動四
265	截然不同	B11-統整活動四			
266	旗鼓相當	B11-L3	294	興高采烈	B7-L9；B7-統整活動三
267	漫不經心	B10-L10	295	錦上添花	B11-統整活動四
268	漫無目的	B11-L1	296	隨時隨地	B9-L12；B11-L14
269	熙熙攘攘	B11-L7	297	膽小如鼠	B5-L13；B5-統整活動五
270	管鮑之交	B11-統整活動一			
271	精雕細琢	B11-L11	298	膽戰心驚	B10-L5
272	綠草如茵	B12-L8	299	膾炙人口	B10-L11
273	綿綿不斷	B6-統整活動一	300	臨機應變	B9-L3；B11-L5
274	聚沙成塔	B10-L3；B10-統整活動一	301	舉手之勞	B7-L6
			302	舉世無雙	B11-L10
275	與世長辭	B9-L4	303	鍥而不捨	B7-L7；B8-L10；B12-L5
276	輕而易舉	B11-L1；B11-L14	304	點石成金	B6-L5
277	酸甜苦辣	B12-L12	305	翻山越嶺	B8-L3；B10-L11
278	齊心協力	B12-L8	306	離鄉背井	B11-L14
279	層層疊疊	B7-統整活動一	307	離群索居	B9-L9
280	彈盡糧絕	B9-統整活動一	308	雞飛狗跳	B5-L13
281	憂心忡忡	B9-統整活動一；B11-L3	309	懵懵懂懂	B12-L10
			310	識途老馬	B5-L13；B5-統整活動五
282	摩拳擦掌	B8-L9			
283	撥雲見日	B7-統整活動四	311	難分難解	B11-L3
284	熱情洋溢	B10-L10	312	難兄難弟	B4-L15
285	糊里糊塗	B10-L9；B12-L11	313	顛撲不破	B9-統整活動一
286	談天說地	B12-L11	314	纏綿悱惻	B10-L12
287	談虎色變	B5-L13	315	鐵面無私	B10-L12
288	適者生存	B9-統整活動二	316	顧名思義	B12-統整活動三
289	噤若寒蟬	B9-統整活動一	317	聽天由命	B9-L13
290	歷歷在目	B12-L10	318	鷸蚌相爭	B11-L6
291	燃眉之急	B9-統整活動一	319	靈機一動	B9-L3；B9-統整活動

編號	成語	出處
		一；B11-L2
320	躡手躡腳	B8-L5
321	讚不絕口	B10-統整活動一；B12-統整活動三
322	鑼鼓喧天	B8-L7

附錄三

2007 年康軒版國語教材中成語在平衡語料庫裡出現筆數及詞類統計表

編號	成語	筆數	詞類			編號	成語	筆數	詞類		
			詞類	次數	比例				詞類	次數	比例
1	一五一十	2	D	2	100%	22	大開眼界	17	VH	14	82.35%
2	一目了然	14	VH	14	100%				VA	3	17.65%
3	一馬當先	8	VA	8	100%	23	大禍臨頭	0			
4	一望無際	17	VH	17	100%	24	小心翼翼	48	VH		100%
5	一清二楚	13	VH	13	100%	25	山光水色	4	Na	4	100%
6	一路順風	0				26	不亦樂乎	17	VH	17	100%
7	一鳴驚人	8	VH	8	100%	27	不屈不撓	9	VH	9	100%
8	一模一樣	33	VH	33	100%	28	不明不白	8	VH	8	100%
9	七嘴八舌	15	VA	15	100%	29	不知不覺	86	D	86	100%
10	二話不說	7	VA	7	100%	30	不知所云	7	VH	7	100%
11	人山人海	11	VH	11	100%	33	不假思索	1	VH	1	100%
12	人云亦云	5	VA	5	100%	34	不偏不倚	8	VH	8	100%
13	力透紙背	0				35	不勝枚舉	29	VH	29	100%
14	三三兩兩	11	D	11	100%	36	五花八門	35	VH	35	100%
15	三年五載	0				37	五彩繽紛	20	VH	20	100%
16	千千萬萬	15	Neu	15	100%	38	分工合作	28	VH	28	100%
17	千辛萬苦	18	D	11	61.11%	39	切磋琢磨	2	VA	2	100%
			Na	7	38.89%	40	化險為夷	6	VH	6	100%
18	千變萬化	24	VH	24	100%	41	天花亂墜	4	VH	4	100%
19	口若懸河	5	VH	5	100%	42	天真爛漫	4	VH	4	100%
20	大吉大利	0				43	引而不發	0			
21	大街小巷	33	Nc	33	100%	44	引吭高歌	3	VA	3	100%

編號	成語	筆數	詞類			編號	成語	筆數	詞類		
			詞類	次數	比例				詞類	次數	比例
45	心存芥蒂	0				75	各就各位	1	VA	1	100%
46	心灰意冷	10	VH	10	100%	76	名山大川	0			
47	心花怒放	5	VH	5	100%	77	名不虛傳	2	VH	2	100%
48	心想事成	9	VH	9	100%	78	合情合理	10	VH	10	100%
49	心滿意足	18	VH	18	100%	79	回味無窮	0			
50	手舞足蹈	15	VA	15	100%	80	多災多難	2	VH	2	100%
51	日以繼夜	6	D	6	100%	81	如獲至寶	4	VH	4	100%
52	日新月異	25	VH	25	100%	82	字裡行間	13	Nc	13	100%
53	出奇制勝	3	VA	3	100%	83	守株待兔	3	VH	3	100%
54	半信半疑	8	VI	8	100%	84	成千上萬	36	Neqa	36	100%
55	半途而廢	15	VH	15	100%	85	成群結隊	15	VH	15	100%
56	古色古香	14	VH	14	100%	86	成雙成對	0			
57	四面八方	21	Ncd	21	100%	87	扣人心弦	6	VH	6	100%
58	四海一家	0				88	有始有終	3	VH	3	100%
59	四通八達	14	VH	14	100%	89	有板有眼	6	VH	6	100%
60	左鄰右舍	17	Na	17	100%	90	有氣無力	4	VH	4	100%
61	平鋪直敘	2	VH	2	100%	91	有條有理	6	VH	6	100%
62	打草驚蛇	2	VA	2	100%	92	有福同享	0			
63	打退堂鼓	5	VH	5	100%	93	有難同當	0			
64	永無止境	0				94	百感交集	6	VH	6	100%
65	生生不息	28	VH	28	100%	95	老弱殘兵	0			
66	生龍活虎	6	VH	6	100%	96	耳目一新	15	VH	15	100%
67	生離死別	17	Na	17	100%	97	耳熟能詳	26	VI	26	100%
68	目不暇給	20	VH	20	100%	98	自由自在	40	VH	40	100%
69	先見之明	3	Na	3	100%	99	自言自語	21	VE	21	100%
70	全力以赴	38	VH	38	100%	100	自怨自艾	8	VH	8	100%
71	刎頸之交	0				101	自給自足	22	VH	22	100%
72	同心協力	27	VH	27	100%	102	至理名言	8	Na	8	100%
73	同甘共苦	9	VH	9	100%	103	姹紫嫣紅	0			
74	各式各樣	117	A	117	100%	104	似是而非	12	VH	12	100%

編號	成語	筆數	詞類			編號	成語	筆數	詞類		
			詞類	次數	比例				詞類	次數	比例
105	似曾相識	16	VH	16	100%	135	奇花異草	4	Na	4	100%
106	克紹箕裘	1	VH	1	100%	136	念念不忘	17	VK	17	100%
107	兵來將擋	2	VA	2	100%	137	招財進寶	4	VA	4	100%
108	冷嘲熱諷	8	VB	8	100%	138	拍案叫絕	0			
109	別出心裁	16	VH	16	100%	139	於事無補	8	VH	8	100%
110	判若兩人	0				140	易如反掌	6	VH	6	100%
111	吞吞吐吐	10	VA	10	100%	141	東倒西歪	15	VH	15	100%
112	妙趣橫生	0				142	東張西望	8	VA	8	100%
113	形形色色	22	VH	22	100%	143	欣欣向榮	19	VH	19	100%
114	形單影隻	3	VH	3	100%	144	爭先恐後	13	VA	13	100%
115	志同道合	25	VH	25	100%	145	狐假虎威	2	VH	2	100%
116	志在四方	0				146	表裡如一	2	VH	2	100%
117	投桃報李	0				147	金碧輝煌	13	VH	13	100%
118	抑揚頓挫	3	Na	3	100%	148	金蟬脫殼	3	VA	3	100%
119	沈魚落雁	0				149	雨過天青	7	VH	7	100%
120	言之有物	4	VA	4	100%	150	青山綠水	10	Na	10	100%
121	言之有理	0				151	亭臺樓閣	0			
122	足智多謀	2	VH	2	100%	152	信以為真	7	VH	7	100%
123	身歷其境	20	VH	20	100%	153	冠蓋雲集	3	VH	3	100%
124	並駕齊驅	11	VH	11	100%	154	威震天下	0			
125	事半功倍	17	VH	17	100%	155	度日如年	5	VA	5	100%
126	依依不捨	40	VH	40	100%	156	後顧之憂	21	Na	21	100%
127	兩全其美	12	VH	12	100%	157	怨聲載道	8	VH	8	100%
128	刮目相看	22	VB	22	100%	158	恍然大悟	32	VH	32	100%
129	受用無窮	0				159	按部就班	13	VH	13	100%
130	呱呱墜地	1	VA	1	100%	160	持之以恆	14	VH	14	100%
131	固若金湯	2	VH	2	100%	161	拾金不昧	0			
132	夜以繼日	5	D	5	100%	162	津津有味	22	VH	22	100%
133	夜深人靜	11	VH	11	100%	163	珍禽異獸	3	Na	3	100%
134	奇形怪狀	16	VH	16	100%	164	相依為命	7	VH	7	100%

編號	成語	筆數	詞類		
			詞類	次數	比例
165	相應不理	5	VI	5	100%
166	眉開眼笑	5	VA	5	100%
167	突如其來	14	A	14	100%
168	突飛猛進	12	VH	12	100%
169	約定俗成	6	VH	6	100%
170	美不勝收	12	VH	12	100%
171	美輪美奐	9	VH	9	100%
172	若無其事	9	VH	9	100%
173	迫不及待	43	D	43	100%
174	重重疊疊	1	VH	1	100%
175	面面相覷	10	VH	10	100%
176	借題發揮	8	VA	8	100%
177	家喻戶曉	7	VH	7	100%
178	容光煥發	6	VH	6	100%
179	息息相關	57	VH	57	100%
180	栩栩如生	20	VH	20	100%
181	氣定神閒	7	VH	7	100%
182	氣喘吁吁	0			
183	氣喘如牛	7	VH	7	100%
184	氣勢磅礴	0			
185	浩浩蕩蕩	17	VH	17	100%
186	真相大白	2	VH	2	100%
187	神色自若	1	VH	1	100%
188	神采奕奕	8	VH	8	100%
189	神態自若	0			
190	神機妙算	3	VH	3	100%
191	茹毛飲血	4	VA	4	100%
192	逃之夭夭	9	VA	9	100%
193	追根究底	13	VA	13	100%
194	針鋒相對	7	VH	7	100%
195	馬到成功	3	VH	3	100%
196	高談闊論	7	VA	7	100%
197	偷工減料	14	VA	14	100%
198	參差不齊	11	VH	11	100%
199	密不透風	0			
200	得心應手	25	VH	25	100%
201	從容不迫	6	VH	6	100%
202	患難之交	1	Na	1	100%
203	患難與共	1	VH	1	100%
204	悠閒自在	0			
205	悠閒自得	0			
206	情景交融	0			
207	捲土重來	9	VA	9	100%
208	接二連三	17	VH	1	5.88%
			D	16	94.12%
209	捨己救人	0			
210	理直氣壯	22	VH	22	100%
211	異想天開	3	VA	3	100%
212	眾目睽睽	1	VH	1	100%
213	眾叛親離	1	VH	1	100%
214	習以為常	10	VI	10	100%
215	莫名其妙	53	VH	53	100%
216	貪生怕死	0			
217	趾高氣昂	0			
218	魚米之鄉	4	Nc	4	100%
219	鳥語花香	5	VH	5	100%
220	喜怒哀樂	15	Na	15	100%
221	喋喋不休	7	VH	7	100%
222	喃喃自語	9	VE	9	100%
223	悲歡離合	8	Na	8	100%

編號	成語	筆數	詞類			編號	成語	筆數	詞類		
			詞類	次數	比例				詞類	次數	比例
224	悶悶不樂	9	VH	9	100%	254	當之無愧	6	VH	6	100%
225	晴空萬里	9	VH	9	100%	255	萬馬奔騰	3	VA	3	100%
226	湖光山色	2	Na	2	100%	256	落荒而逃	5	VA	5	100%
227	無名英雄	2	Na	2	100%	257	蜂擁而來	0			
228	無地自容	4	VH	4	100%	258	詩情畫意	13	VH	13	100%
229	無拘無束	16	VH	16	100%	259	詩詞歌賦	0			
230	無時無刻	25	D	25	100%	260	達官貴人	7	Na	7	100%
231	無理取鬧	2	VA	2	100%	261	過目不忘	0			
232	無精打采	11	VH	11	100%	262	兢兢業業	14	VH	14	100%
233	無影無蹤	18	VH	18	100%	263	夢寐以求	12	VA	12	100%
234	無緣無故	14	D	14	100%	264	慘不忍睹	16	VH	16	100%
235	無邊無際	4	VH	4	100%	265	截然不同	50	VH	50	100%
236	畫蛇添足	5	VH	5	100%	266	旗鼓相當	6	VH	6	100%
237	絞盡腦汁	13	VA	13	100%	267	漫不經心	10	VH	10	100%
238	絡繹不絕	19	VH	19	100%	268	漫無目的	4	VH	4	100%
239	跋山涉水	0				269	熙熙攘攘	4	VH	4	100%
240	雲消霧散	0				270	管鮑之交	0			
241	順手牽羊	2	VA	2	100%	271	精雕細琢	4	VH	4	100%
242	順流而下	0				272	綠草如茵	3	VH	3	100%
243	飲酒作樂	0				273	綿綿不斷	0			
244	黑白分明	7	VH	7	100%	274	聚沙成塔	0			
245	填街塞巷	0				275	與世長辭	3	VH	3	100%
246	意猶未盡	19	VH	19	100%	276	輕而易舉	13	VH	13	100%
247	意想不到	23	VK	23	100%	277	酸甜苦辣	2	Na	2	100%
248	慌慌張張	8	VH	8	100%	278	齊心協力	0			
249	楚楚可憐	2	VH	2	100%	279	層層疊疊	2	VH	2	100%
250	源源不絕	8	VH	7	100%	280	彈盡糧絕	0			
251	溫文儒雅	6	VH	6	100%	281	憂心忡忡	31	VH	31	100%
252	滔滔不絕	19	VH	19	100%	282	摩拳擦掌	7	VA	7	100%
253	煞有其事	3	VH	3	100%	283	撥雲見日	4	VH	4	100%

編號	成語	筆數	詞類			編號	成語	筆數	詞類		
			詞類	次數	比例				詞類	次數	比例
284	熱情洋溢	0				314	纏綿悱惻	3	VH	3	100%
285	糊里糊塗	7	VH	7	100%	315	鐵面無私	2	VH	2	100%
286	談天說地	6	VA	6	100%	316	顧名思義	19	Dk	19	100%
287	談虎色變	1	VH	1	100%	317	聽天由命	7	VH	7	100%
288	適者生存	7	VH	7	100%	318	鷸蚌相爭	3	VA	3	100%
289	噤若寒蟬	5	VH	5	100%	319	靈機一動	27	VA	27	100%
290	歷歷在目	8	VH	8	100%	320	躡手躡腳	5	D	5	100%
291	燃眉之急	4	Na	4	100%	321	讚不絕口	12	VB	12	100%
292	獨一無二	43	VH	43	100%	322	鑼鼓喧天	7	VH	7	100%
293	興致勃勃	21	VH	21	100%						
294	興高采烈	30	VH	30	100%						
295	錦上添花	8	VA	8	100%						
296	隨時隨地	0									
297	膽小如鼠	5	VH	5	100%						
298	膽戰心驚	5	VH	5	100%						
299	膾炙人口	18	VH	18	100%						
300	臨機應變	5	VA	5	100%						
301	舉手之勞	7	Na	7	100%						
302	舉世無雙	0									
303	鍥而不捨	10	VH	10	100%						
304	點石成金	6	VA	6	100%						
305	翻山越嶺	9	VA	9	100%						
306	離鄉背井	18	VA	18	100%						
307	離群索居	4	VA	4	100%						
308	雞飛狗跳	6	VH	6	100%						
309	懵懵懂懂	2	VH	2	100%						
310	識途老馬	2	Na	2	100%						
311	難分難解	5	VH	5	100%						
312	難兄難弟	3	Na	3	100%						
313	顛撲不破	1	VH	1	100%						

國家圖書館出版品預行編目

成語的語法、修辭及角色扮演 / 陳湘屏著. --
一版. -- 臺北市：秀威資訊科技, 2009.10
面；　公分. -- (語言文學類；AG0116
東大學術；10)
BOD 版
參考書目:面
ISBN 978-986-221-293-6(平裝)

1. 漢語教學　2. 成語　3. 漢語語法　4. 教材
教學
523.311　　　　　　　　　　　　98016611

語言文學類　AG0116

東大學術⑩

成語的語法、修辭及角色扮演

作　　者 / 陳湘屏
發 行 人 / 宋政坤
執行編輯 / 林泰宏
圖文排版 / 陳湘陵
封面設計 / 陳佩蓉
數位轉譯 / 徐真玉　沈裕閔
圖書銷售 / 林怡君
法律顧問 / 毛國樑　律師
出版印製 / 秀威資訊科技股份有限公司
　　　　　台北市內湖區瑞光路 583 巷 25 號 1 樓
　　　　　電話：02-2657-9211　　　傳真：02-2657-9106
　　　　　E-mail：service@showwe.com.tw
經 銷 商 / 紅螞蟻圖書有限公司
　　　　　台北市內湖區舊宗路二段 121 巷 28、32 號 4 樓
　　　　　電話：02-2795-3656　　　傳真：02-2795-4100
　　　　　http://www.e-redant.com

2009 年 10 月 BOD 一版
定價：340 元

讀 者 回 函 卡

感謝您購買本書，為提升服務品質，煩請填寫以下問卷，收到您的寶貴意見後，我們會仔細收藏記錄並回贈紀念品，謝謝！

1. 您購買的書名：＿＿＿＿＿＿＿＿＿＿＿＿＿＿＿＿＿

2. 您從何得知本書的消息？

　　□網路書店　□部落格　□資料庫搜尋　□書訊　□電子報　□書店

　　□平面媒體　□ 朋友推薦　□網站推薦 □其他＿＿＿＿＿

3. 您對本書的評價：(請填代號　1.非常滿意 2.滿意 3.尚可 4.再改進)

　　封面設計＿＿　版面編排＿＿　內容＿＿　文/譯筆＿＿　價格＿＿

4. 讀完書後您覺得：

　　□很有收獲　□有收獲　□收獲不多　□沒收獲

5. 您會推薦本書給朋友嗎？

　　□會　□不會，為什麼？＿＿＿＿＿＿＿＿＿＿＿＿＿＿＿

6. 其他寶貴的意見：＿＿＿＿＿＿＿＿＿＿＿＿＿＿＿＿

＿＿＿＿＿＿＿＿＿＿＿＿＿＿＿＿＿＿＿＿＿＿＿＿＿

＿＿＿＿＿＿＿＿＿＿＿＿＿＿＿＿＿＿＿＿＿＿＿＿＿

＿＿＿＿＿＿＿＿＿＿＿＿＿＿＿＿＿＿＿＿＿＿＿＿＿

讀者基本資料

姓名：＿＿＿＿＿＿＿＿　年齡：＿＿＿　性別：□女 □男

聯絡電話：＿＿＿＿＿＿＿　E-mail：＿＿＿＿＿＿＿＿

地址：＿＿＿＿＿＿＿＿＿＿＿＿＿＿＿＿＿＿＿

學歷：□高中(含)以下　□高中　□專科學校　□大學

　　　□研究所(含)以上 □其他＿＿＿＿＿＿＿

職業：□製造業 □金融業 □資訊業 □軍警 □傳播業 □自由業

　　　□服務業 □公務員 □教職　□學生 □其他＿＿＿＿＿

To：114

台北市內湖區瑞光路 583 巷 25 號 1 樓

秀威資訊科技股份有限公司　　　收

寄件人姓名：

寄件人地址：□□□

- -

（請沿線對摺寄回,謝謝!）

秀威與 BOD

BOD（Books On Demand）是數位出版的大趨勢,秀威資訊率先運用 POD 數位印刷設備來生產書籍,並提供作者全程數位出版服務,致使書籍產銷零庫存,知識傳承不絕版,目前已開闢以下書系:

一、BOD 學術著作—專業論述的閱讀延伸
二、BOD 個人著作—分享生命的心路歷程
三、BOD 旅遊著作—個人深度旅遊文學創作
四、BOD 大陸學者—大陸專業學者學術出版
五、POD 獨家經銷—數位產製的代發行書籍

BOD 秀威網路書店：www.showwe.com.tw
政府出版品網路書店：www.govbooks.com.tw

永不絕版的故事・自己寫・永不休止的音符・自己唱